16歳からの経済学

根井雅弘
Masahiro Nei

人文書院

16歳からの経済学　目次

16歳からの経済学

まえがき

本書は、ちくまプリマー新書として刊行された三冊の本——『経済学はこう考える』（二〇〇九年）、『20世紀をつくった経済学——シュンペーター、ハイエク、ケインズ』（二〇一一年）、『経済学の3つの基本——経済成長、バブル、競争』（二〇一三年）——をまとめて合本したジュニア向けの読み物である。ジュニア向けの新書としては決してやさしくはなかったが、京都大学の新入生が「高校や予備校生時代にあの本を読んだ」とか、数年に一度「今年の入試問題に使用したので、転載を認めてほしい」という文書を受け取るたびに書いてよかったなと思ったものである。

当初は、ジュニア向けの新書をみずから書こうと思ったことはなかったのだが、京大生を長く教えるうちに、彼らが高校や予備校で学んだこと（もっと端的にいえば、「丸暗記」したこと）が偉大な経済学者の思想や理論のごく一部分を切り取ったものに過ぎないことに気づいた。例えば、アダム・スミスは単に「自由放任」だけを説いた経済学者ではなく、「利己心」や「利他心」を含めた、人間の感情の多面性を深く追究した「道徳哲学者」であったこと。アルフレッド・マーシャルは、教科書には、需給均衡の図の考案者としてのみ登場するが、実は、それだけでなく、人間性の進歩に期待し、企業家が公益にも配慮する「経済騎士道」を身につけるとともに、労働者がみずからの知性と能力を高めるためにお金を使うようになることによって真の「豊かさ」（マーシャルは「有機的成長」と呼んだ）が実現されると説いていたこと。そして、ケインズは、いつの間にか、不況になれば財政赤字をつくってでも公共投資をおこなって景気を回復させる経済政策（今日では「ケインズ政策」と呼ばれている）の提唱者としてのみ語られるようになったが、それはつねに貨幣経済論として自分の理論を形成・発展させてきたケインズの真の姿を捉えていないこと。等々。数え上げればキリがない。

本書は、第一部に『経済学はこう考える』を配して、経済学の歴史に残るような偉人たちの思想や学説を誤解を招かないように丁寧かつ正確に伝える努力をしている。その基礎の上に、第二部では『20世紀をつくった経済学』を配して、現代史というべき二十世紀の歴史をつくった三人の偉大な経済学者（シュンペーター、ハイエク、ケインズ）の思想と理論を掘り下げている。初学者にとって、第二部は、第一部を読んだ後でなければ難しいので、この順番に読んでほしい。

ジュニア向けの本の役割はここまでと割り切ることもできたが、私はもう少しだけ野心的な試みを第三部（『経済学の3つの基本』を配している）においておこなっている。それは、第一部・第二部の内容を踏まえた上で、より進んだ経済思想の素養があれば、経済史や経済論壇の動向もより正確に理解できるようになるということである。例えば、経済成長至上主義、バブルの隆盛と崩壊、大型合併をめぐる論壇の混乱などは、高度成長期以降の日本人が実際に経験してきたことだが、それらの経済現象をめぐる経済思想を整理すれば、もっとクリアに「何が起こったのか」を理解できるようになるし、「何が足りなかったのか」についても示唆を得ることができるだろう。初学者をここまで招き入れることは本当は難しいが、それでも、三冊を読んで入学してきた学生もいたし、入試問題や予備校の模試でもいまだに使われているので、理解不能なほど高度とは言えないと信じたい。

このように、本書は、全体として、経済学の思想や歴史に関心のある読者が、基礎から応用まで広く学べるように配慮した読み物になっていると思う。もともとはジュニア向けに書かれたものではあるが、ビジネス書の類にも経済学史の俗説がけっこう幅を利かせているので、大人が読んでも得るところはあるはずだ。経済学の基礎理論（ミクロ経済学、マクロ経済学、計量経済学）の勉強と並行して、読者がときに手にとって、経済学史の醍醐味に触れてくれれば著者としてはこれ以上の幸福はない。

二〇二一年五月

根井　雅弘

第一部　経済学はこう考える

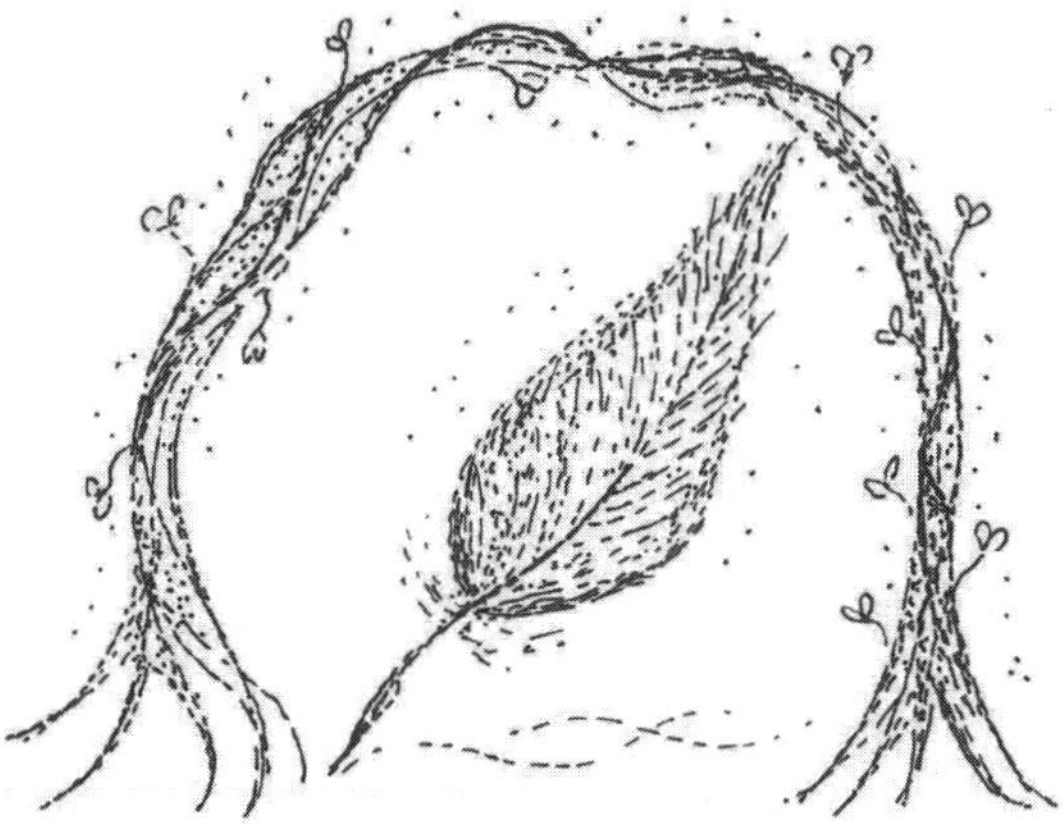

第一章　冷静な頭脳と温かい心

貧富の差への憤り

二十世紀最大の経済学者との評価の高いケインズ（John Maynard Keynes, 1883-1946）がよく使った言葉の一つに「豊富のなかの貧困」というのがあります。ケインズがその言葉に込めた意味については、のちの章で説明するつもりですが、ケインズでなくとも、世の中にその言葉と同じような現実があることに衝撃を受けた経済学者は少なくありません。ケインズの師匠《ししょう》筋に当たるマーシャル（Alfred Marshall, 1842-1924）も、まさにその現実にぶち当たりました。

マーシャルの生きた時代の前半は、世界に先駆けて産業革命を成し遂げたイギリスが「世界の工場」として繁栄を謳歌《おうか》していた時期に当たっています。一八五一年、ロンドンで第一回万国博覧会が開かれましたが、その頃のイギリスは、どの分野（工業生産、金融、貿易、海運、植民地の領有、海外投資など）でも世界一の経済大国でした。イギリスが「ヴィクトリア朝大好況期」（一八五〇－七三年）と呼ばれるほど繁栄していたときは、マーシャルが八歳から三十一歳までの時期に当たっていますが、少年から一人前の大人になるまで母国が世界の先頭に立っていたという事実は、マーシャルの脳裏に深く刻まれたに違いありません。

マーシャルは、もともと、名門ケンブリッジ大学のセント・ジョンズ・カレッジで数学を学びましたが、一八六五年、優秀な成績で数学科を卒業したので、ただちに同カレッジの「フェロー」（しばしば「特別研究員」と訳されます）に採用されました。前途有望な若き数学者であったことがうかがえます。しかし、マーシャルの関心は、数学ばかりではなく、形而上学、倫理学、心理学などにも及んでいました。そして、最終的には、社会問題に対する関心に導かれて経済学にまで辿《たど》り着いたのです。

マーシャルがみずからの若き日を回想した文章を読むと、彼はいくつかの都市の最も貧しい地区を訪れて、ヴィクトリア朝の繁栄の影の部分を目の当たりにしたのですが、このような現状をどうにか改善できないのかという目的をもって経済学を研究する志を固めたと言っています。繁栄の影に隠れた貧富の格差――マーシャルは、このような現状に憤りを感じる「温かい心」をもっていました。しかし、同時に、論理を重んじる数学者でもあった彼は、そのような貧富の格差を過激な社会運動によっていっぺんに改革しようとする人たちには同調できませんでした。その前に、その問題をあらゆる角度から分析してみる「冷静な頭脳」が必要だと考えたからにほかなりません。

具体的な例をあげてみましょう。資本主義と呼ばれる「自由企業体制」のもとでの貧富の格差に関心をもった人たちのなかで最も目立ったのは、さまざまな社会主義の思想の影響を受けた運動家たちでした。社会主義者といっても多様なのですが、資本主義の崩壊を説いたことで有名な『資本論』の著者マルクス（Karl Marx, 1818-83）の前でも後でも、生産手段の公有を実現し、資本家と労働者のあいだの階級闘争に終止符を打つという理想に燃えて社会主義運動に身を投じた若者は決して少なくありませんでした。

マーシャルは、経済学研究の初期に、マルクスを初めとする社会主義者たちの書いた著作を研究しています。「温かい心」をもっていたマーシャルは、社会主義者たちの「社会福祉に対する骨の折れる私心のない献身」に打たれたと言われています。しかし、マーシャルは、そこからすぐに資本主義を打倒し、生産手段の公有などの社会主義のプログラムを実践に移せば経済問題は解決されるというようには考えませんでした。「冷静な頭脳」の持ち主であったマーシャルは、いまの人間性が変わらなければ、社会主義のプログラムは成功しないだろうというのです。それは簡単にいえばこういうことです。

マーシャルは、人間性というものは、進歩していくものだと考えていました。たしかに、いまの段階では、資本家は利潤追求のことで頭がいっぱいで、労働者は働いて得た賃金を享楽のために使っているように見えるかもしれません。しかし、人間性がもっと卓越したものになれば、資本家は蓄積した富をすすんで公益のために提供するようになるだろうし（マーシャルは、それを「経済騎士道」の精神と呼びました）、労働者も台頭してきた労働組合運動（当時ウェッブ夫妻によって指導されていた運動が識者の注目の的でした）を通じた社会教育によって、みずからの教養と能率を高めるために賃金を使うようになるだろうと期待していました。人間性がこの段階まで進歩していれば、社会主義のプログラムが成功する可能性はあるが、残念ながら、現時点ではその段階にまで人間性は進歩していない——これがマーシャルの考えでした。

マーシャルの立場は、一言でいえば、「漸進主義《ぜんしんしゅぎ》」と呼んでもよいでしょう。このような立場は、急進的な改革を求める人たちには生ぬるいように見えたことは事実ですが、資本主義と社会主義の対立の象徴であった「ベルリンの壁」が崩壊（一九八九年）したあとの現時点で回顧してみると、マーシャルは急進主義の欠陥のひとつを鋭く突いていたのではないでしょうか。経済騎士道の精神ひとつをとってみても、いまだにそれが世の中に浸透しているかどうかは大いに疑問があるからです。

「騎士道」というと、中世の騎士を思い浮かべるかもしれませんが、マーシャルが注目したのは、彼らが「君主」「国家」「十字軍」などに対して非利己的な忠誠を誓っていたことでした。もちろん、マーシャルは、そのような意味での忠誠心を現代にそのままの形で甦らせようと考えていたわけでありません。彼の真意は、それを「公共的な精神」と読み替えた上で、ビジネスの世界でも騎士道に近いものが必要だという考え方を啓蒙することにあったのです。「理想」を見忘れることはないけれども、まず「現実」を正確に把握した上で、それを理想へと一歩一歩近づけている努力を重ねること——これが、マーシャルの言いたかったことに違いありません。

需要と供給のバランス

初めにマーシャルの漸進主義を紹介したのは、実は、彼の経済理論もまたそのような立場から導かれたものと言えるからです。マーシャル経済学のなかで最も有名なのは、「需要と供給のシンメトリー」に基づいた均衡理論《きんこうりろん》ですが、これは価値論をめぐる古典派と限界効用派の対立を自分なりの枠組みのなかに包摂したものなのです。もう少し説明を加えましょう。

価値論というのは、有名な『国富論』（一七七六年）の著者で、「経済学の父」とも呼ばれることもあるスミス（Adam Smith, 1723-90）の時代からすでに議論されていたテーマですが、かいつまんで言うと、スミスにせよ、そのあとに出てきたリカード（David Ricardo, 1772-1823）にせよ、イギリスで「古典派」と呼ばれる経済学の流れは、商品の価値がいかに決まるかという問題に「生産」の側からアプローチしました。あまりに専門的な内容の説明は控えますが（関心のある読者は、例えば、拙著『経済学の歴史』講談社学術文庫、二〇〇五年をご覧下さい）、リカードのさらにあとに登場した最後の古典派経済学者ミル（J. S. Mill, 1806-73）の時代——マーシャルが最初に学んだ経済学は、このミルの『経済学原理』（一八四八年）でした——には、生産に要する費用が価値を決めるという学説が支配的になっていました。

ところが、一八七〇年代に入って、ほぼ同時期に、商品の価値に「需要」の側からアプローチする経済学者たち（フランス出身でスイスのローザンヌで教えていたワルラス［Léon Walras, 1834-1919］、オーストリアのメンガー［Carl Menger, 1840-1921］、イギリスのジェヴォンズ［W. S. Jevons, 1835-82］の三人がとくに有名です）が登場しました。彼らは、今日「限界効用」（消費量を一単位増やしたときの効用の増加分のこと。「効用」とは、欲望の満足度と考えておいてよいでしょう）と呼ばれる概念を用いて、限界効用の高い（低い）ものの価値（ここでは、「価値」とは「有用性」を意味する「使用価値」ではなく、「交換価値」を指しています）が高い（低い）という学説を提示しました。このような理論上の革新を、経済学では、「限界革命」と呼んでいます。

限界効用という概念を使うと、従来の価値論では謎とされていた不思議なことも簡単に解けることが明らかになりました。その謎とは、もともと、スミスが「価値のパラドックス」と名づけていたもので、水があれほど有用なのにほとんど価値をもたないのに対して、ダイヤモンドは極端に言えばそれがなくても人間の生命にかかわることはないけれども価値はきわめて高いという現象を指しています。この謎は、水の限界効用が低いのに対して、ダイヤモンドの限界効用はきわめて高いからだという単純明快な理論によって解かれることになったのです。

しかし、限界革命は、ただちに学界に受け入れられたわけではありませんでした。古典派の価値論がすぐに葬り去られたわけではなく、しばらく価値論をめぐって「生産費説」と「限界効用説」の対立が続いたのです。

マーシャルは、二つの学説のあいだの論争の過程を慎重に見守っていました。頭脳明晰な彼は、生産費説にも限界効用説にも精通していましたが、この問題は、どちらか一方の学説が完全に正しいというようなものではなく、唯一の「真理」を争うような論争は時間の浪費であると考えていました。というのは、どちらの学説も、仮定された時間の長さを明確にしさえすれば、「需要と供給の均衡」という枠組みのなかに包摂することができるからです。

例えば、非常に短い時間を想定すれば、商品の供給量は一定と考えることができるので、縦軸に価格、横軸に数量を測った図では、供給曲線は垂直の形をとるでしょう。この場合は、商品の価格は需要曲線の位置によって決まるので、需要側から価値論にアプローチした限界革命の主導者たちの理論が生きることになります。

しかし、時間の長さを少しずつのばしていくと、長期的には、一定の生産費でいくらでも供給できるような状態、換言すれば、供給曲線が水平の形をとるようになるでしょう。この場合は、商品の価格は生産費によって決まるものの、需要曲線の位置がわからなければ、均衡数量が確定しません。勘のよい読者は、これは、ちょうど、数量が一定ですでに決まっているものの、需要曲線の位置がわからなければ均衡価格が確定しなかった前の場合（非常に短い時間を想定したとき）の逆になっていることがわかるでしょう。それはともかく、マーシャルは、古典派が生産費説を主張するとき、彼らは、暗黙的に、非常に長い時間を想定しているに違いないと考えました。

かくして、生産費説が正しいか、それとも限界効用説が正しいかというような論争は問題の本質を見失っており、基本的な枠組みとして「需要と供給の均衡」を置いた上で、時間の長さが短くなるほど需要側の要因を、時間の長さがのびていくほど供給側の要因を重視するという考え方によって二つの学説の無用な対立は避けられることになるのではないでしょうか。

マーシャルはまさにこのような思考法をとったのでした。マーシャルの主著『経済学原理』（初版は一八九〇年、一九二〇年に出た第八版まで版を重ねました）を読むと、「価値は生産費によって支配されるか効用によって支配されるかを問うことは、紙を切るのが鋏の上の刃であるか下の刃であるかを問うのと同じ程度の合理性しかもたないといってもよいかもしれない」とか、「一般原則としては、われわれの考察している期間が短いほど、価値に対する需要の影響に対して注意が払われる部分は大でなければならない。また期間が長くなるにつれて、価値に対する生産費の影響がより重要となるであろう」とか、マーシャルが根本的に同じことを言葉を換えながら何度も説明しているのに気づくでしょう。

マーシャルの漸進主義

前に、マーシャルの漸進主義という言葉を使いましたが、そのような立場は、彼の性格にもよく現れているように思われます。

イギリスで限界革命を主導したのは、才気煥発《さいきかんぱつ》なジェヴォンズという経済学者でしたが、彼は限界効用のアイデアをたちまち一冊の本（『経済学の理論』一八七一年）にまとめ上げるだけの才能に恵まれていたものの、自分の理論の革新性を過信するあまり古典派の偉大な経済学者たち（スミス、リカード、ミルなど）の遺産を軽視する傾向がありました。実際、ジェヴォンズの本を読むと、とくにリカード＝ミルの権威がいまだに経済学界に幅を利かせている現状に対する激しい怒りの言葉が何度も登場します。

ところが、マーシャルは、限界革命の意義は十分に理解しながらも、それによって古典派のすべてが葬り去られるとは決して考えませんでした。先ほど彼の価値論を説明したように、「需要と供給の均衡」という枠組みに時間の要素を明確に導入するならば、古典派の生産費説も限界効用説も、ともに活かすことができるからです。それゆえ、ジェヴォンズの本が出版されたとき、マーシャルは、古典派を無用に貶《おとし》めるようなジェヴォンズの論調には賛成できなかったのです。しかし、その段階では、マーシャル自身の価値論はまだ完全な形で出来上がっていませんでした。ジェヴォンズが「革命」に酔いしれたとすれば、その間、マーシャルは自分の出番が登場するまで時を待っていた慎重な性格の持ち主でした。

ケインズは、『人物評伝』（一九三三年）という本のなかで、二人の人物を絶妙に対比しています。「ジェヴォンズは釜が沸くのを見て子供のような喜びの声をあげた。マーシャルも釜が沸くのを見たが、黙って座りこんでエンジンを作ったのである」と。

どんな世界でも、ジェヴォンズ型の人間とマーシャル型の人間はいるものですが、とりわけ、マーシャルは、自分がスミス以来のイギリス古典派経済学の正統を受け継ぐのだという意識が強かったので、限界革命のような新理論の登場にも決して動揺せず、黙々と両者を包摂するような価値論の構築という仕事に取り組んだのです。その成果が、彼の『経済学原理』にまとめられたことは、もはや繰り返す必要はないでしょう。

満を持して刊行された主著だけに、その初版の序文にも、いま述べたようなマーシャルの特徴がにじみ出ています。マーシャルは、そこで、経済学が連続的に進歩する学問であることを強調しています。「新しい学説は古い学説を補足し、拡充し、発展させ、ときには修正する。またしばしば強調点を変えることによって異なった調子を生み出すことがある。しかし古い学説を覆すことはきわめて稀《まれ》にしか起こっていない」と。

興味深いことに、マーシャルは、経済学の進歩が連続的であるばかりでなく、経済の進歩（彼は「進化」evolution という言葉を使っていますが）もまた連続的であるという見解をもっていました。『経済学原理』の第八版への序文には、その考え方がよく現われています。そこでマーシャルが強調しているのは、一国の経済が天賦の才に恵まれた一人の「発明家」や「組織者」や「金融家」によって一挙に進歩したかのように見えることがあるかもしれないけれども、現実をもっと慎重に再吟味してみると、そのような進歩も長い時間をかけて準備されていた建設的な動きが開花したに過ぎない場合がほとんどであるということです。

実は、マーシャルは、『経済学原理』のモットーとして、「自然は飛躍せず」という言葉を選んでいたのですが、経済や経済学の進歩を連続的だと考えたマーシャルの思想をそれ以上に的確に表現した言葉はないのではないでしょうか。

進化論の影響

ところで、先ほどマーシャルが「進化」という言葉を使ったことに触れましたが、その周辺の事情を少し説明しておかなければなりません。

当時「進化」という言葉は、一種の流行語でした。というのは、ダーウィン（Charles Robert Darwin, 1809-82）の『種の起源』（一八五九年）が刊行されてから、進化論で使われる「自然淘汰《とうた》」「最適者生存」などの言葉が、生物学の分野を超えて、広く使われるようになっていたからです。マーシャルも進化論の影響を受けた知識人の一人でした。彼は、経済学が前に紹介したような価値論ばかりではなく、ゆくゆくは経済の「進化」を解明する方向に進んでいくべきだとさえ考えていました。マーシャルは、彼の主著で具体的に展開されるまでには至らなかったものの、「経済生物学」という言葉も使っています。

しかし、進化論の影響を受けた人たちのなかには、スペンサー（Herbert Spencer, 1820-1903）のように、「最適者生存」をいわゆる「自由放任主義」を正当化するために利用した者もおりました。「生存闘争」を通じて不適者は「自然淘汰」されるのだから、政府が余計な介入を一切おこなわない「自由放任主義」によって社会は進歩していくのだというのです。このような思想を「社会ダーウィニズム」と呼んでいます。社会ダーウィニズムは、当時の資本主義体制のもとですでに成功を収めた人たちにはまことに都合のよい思想だったので、イギリスに限らず、アメリカやその他の国でも、かなり大きな影響力をもっていました。

マーシャルは、スケールの大きな知識人だったスペンサーからも多くを学びましたが、彼の社会ダーウィニズムの思想は決して受け容れませんでした。最適者生存とは、マーシャルによれば、「環境から利益を引き出すのにもっとも適した有機体を繁殖させる」という意味ですが、この法則が誤解されるのを恐れて、すぐに次のように書き留めています。「環境をもっとも巧みに利用する有機体は、周囲にもっとも利益を与える有機体でもあることがしばしば判明するが、またときには周囲にとって有害な存在であることもあり得る」と（傍点は引用者）。

マーシャルは、最適者生存の法則を安易に社会組織や産業組織の分野に適用し、自由放任主義を正当化しようとする傾向を警戒していました。適者として存在している組織が必ずしも環境に利益をもたらすとは限らないとすれば、私的利益と社会的利益のあいだの乖離が生じるので、自由放任主義ではなく、ある程度の政府介入の必要性が示唆されるからです。マーシャルの『経済学原理』は、決して自由放任主義を説いた本ではなかったのです。この点は、誤解されることがしばしばあるので、少し説明を加えておきましょう。

自由放任主義をめぐる誤解

経済思想の解説書のなかには、ケインズ以前の「古典派」（スミス、リカード、ミルなど）はいうまでもなく、マーシャルやその後継者のピグー（Arthur Cecil Pigou, 1877-1959）などに至るまで、すべて「自由放任主義」を奉じていたかのように書かれているものがあります。しかし、これは、残念ながら、ケインズの有名なパンフレット『自由放任の終焉《しゅうえん》』（一九二六年）のイ、メ、ー、ジ、が誤解されて伝わった学説史上のパラドックスの一つです。

いったい、自由放任主義とは何なのでしょうか。しばしばスミスが自由放任を説いた「元祖」として挙げられることがありますが、そのスミスでさえ、「国防」「司法行政」「公共事業」の三つは政府の最低限の義務であることを認めていました。スミスは、たしかに、独占や規制を撤廃し、自由競争を主張しましたが、スミスの自由競争とは、利益になるなら何でもしてもよいというような意味では決してありません。

スミスは、『国富論』の前に『道徳感情論』（一七五九年）という本を書いていますが、そこでは、個人が利己的な行動をしても社会に秩序が成り立つのはなぜかという問題が考察されています。スミスの答えは、個人が利己的に行動するといっても、彼の行動は他人の「同感」が得られない限り社会的に正当であるとは認められないので、おのずと他人の同感が得られる程度にまで自分の行動や感情を抑制するからだ、というものでした。このような思想は、『国富論』にも受け継がれます。つまり、自由競争とはいっても、「フェア・プレイ」の原則を侵害するような行動は決して許されないのです。ここ数年、日本では、消費期限や賞味期限を改ざんしたり、豚・鶏肉などを混入した牛ひき肉を製造・販売したりした企業が次々に摘発されましたが、そのような詐欺的行為によってお金をもうけようとする企業は、本来、自由競争の世界には、存在してはならないのです。

先ほど、政府の最低限の義務を三つ（「国防」「司法行政」「公共事業」）挙げましたが、もし政府がこれ以外の介入を全くおこなわないことを「自由放任主義」と呼ぶのならば、当のスミスでさえ自由放任主義者ではないことになります。『国富論』の全体を精読するならば、例えば、場合によっては銀行業の規制を支持したり、輸入抑制策の撤廃に当たっては、競争によって不利益を被る人たちの立場への配慮が必要であると述べたりと、スミスが自由競争や自由貿易の原則からの逸脱をいっさい認めないほど硬直的な思考法をとる人物ではなかったことがわかるでしょう。スミスは、次のように言っています。「少数の人の自然的自由の行使は、もし、それが社会の安全をおびやかすおそれがあるならば、最も自由な政府であっても、最も専制的な政府と同じように、政府の規制によって抑制されるし、また抑制されるべきものなのである」と。

たしかに、『国富論』のなかには、有名な「見えざる手」という言葉が登場しますが、そのキーワードが自由放任主義によって「自然的自由の制度」と彼が呼んだ一つの理想状態におのずと導かれるかのように誤解されたのは、思想史上の「悲劇」と言ってよいかもしれません。

ケインズの真意

スミスの場合もこうなのですから、時代を経るにつれて、自由放任主義からの例外規定というべきものが増えていったことは当然といえば当然です。「最後の古典派経済学者」と呼ばれることもあるミルの『経済学原理』（一八四八年）になると（この本は、若き日のマーシャルが精読した最も権威ある経済学の教科書でしたが）、「教育」「児童・青少年の保護」「貧民救済」など、自由放任主義を適用すべきではない多くの事例が挙げられていることを発見します。それゆえ、私は、イギリス古典派経済学の正統を支えてきた「自由主義」は、「自由放任主義」とは異なるのだとつねに強調するようにしています。

マーシャルは、前にも触れたように、スミス以来のイギリス古典派経済学の正統を受け継ぐという意識が強かったので、自由放任主義に固執する理由は何もなかったと言ってよいでしょう。彼が、社会ダーウィニズムのように、最適者生存の法則を安易に経済の領域に適用し、自由放任主義を説くようなことを決してしなかったゆえんです。

そのマーシャルから教えを受けたケインズが、これまで述べてきたような思想史の基本を知らなかったはずはありません。実際、『自由放任の終焉』を読んでみればわかるように、彼は、スミスやマーシャルが自由放任主義を奉じていたなどとは決して言ってはおりません。その意味では、ケインズも、スミス以来の自由主義の流れのなかにいたのです。それゆえ、『自由放任の終焉』は、ケインズが経済学史上はじめて「自由放任の終焉」を宣言したものではなく、スミスからマーシャルへと伝えられてきたイギリス自由主義の最良の遺産を踏まえながら、今日、政府がなすべきこととなすべきではないことを改めて明確に区別しようとしたものとして理解しなければばなりません。

もちろん、のちの章で詳しく述べるように、ケインズは、有名な『雇用・利子および貨幣の一般理論』（一九三六年）――しばしば『一般理論』と略称されます――のなかで、マーシャルまでの経済学にはなかった国民所得の決定理論を提示し、経済学界に一大変革をもたらすことになるのですが、そこで彼が政府のなすべきことに何かを追加したからといって、イギリス自由主義の伝統を否定したわけではありません。しかし、その話は、のちの章に譲ることにしましょう。

説教者マーシャル

マーシャルに戻りましょう。マーシャルが初めに数学者としてスタートしたことはすでに触れましたが、数学者はふつう長たらしい文章で説明するよりは数行の数式を書いただけで終わりにしたいような傾向を多分にもっています。ところが、マーシャルは、数学科出身にもかかわらず、経済学の分野で数学を使用することに対してきわめて慎重でした。主著『経済学原理』（初版）の序文のなかにも、「自分自身で書いたものでない経済学説の数学への長たらしい翻訳を読むことが、時間のよい利用法であるかどうかは疑わしいように思われる」という文章が見られます。実際、彼は、『経済学原理』のなかでは、数学付録以外に数学を使いませんでした。

マーシャルは、自分の本が経済問題に関心のある人たちに広く読まれることを期待していたので、数式の展開などで読者に余計な負担をかけたくないと思っていたかもしれません。しかし、ここで留意しておくべきは、彼が『経済学原理』の最初のところで「経済学は富の研究であると同時に人間の研究の一部である」と言明していることです。「人間の研究の一部」が数学で表現できないということは決してありませんが、数学の適用にはなじまない領域があることは確かです。マーシャルの関心も、この辺にあったとしか考えられません。例えば、前に、彼が人間性の進歩に注目していたことに触れましたが、彼は、未開社会から文明社会への移行に際して「欲求進化論」ともいうべき考えを展開しています。

それはかいつまんで言えばこういうことです。――未開人の欲求はごく少数だが、文明の進歩とともに、人間は「多様性」を求めるようになる。多様性に対する欲求も満たされると、次には他とは違うという意味での「差異」に対する欲求が生まれる。しかし、それも満たされると、最後には、「卓越」に対する欲求が支配的になると。

卓越に対する欲求は、自分の仕事の卓越性を純粋に追求するような生活態度と結びついていますが、マーシャルは、もちろん、欲求が卓越という最高段階にまで進化していくことを期待していました。そうなれば、資本家が経済騎士道の精神を尊重し、労働者が自分の教養や能率に関心をもつような環境が整うからです。

しかし、その段階に到達するまでには、まだまだ時間がかかるでしょう。マーシャルは、ミルと同じように、とくに労働者階級の将来が教育にかかっていると信じていたので、何度もこの問題に触れています。例えば、「労働者階級の将来」（一八七三年）と題された講演のなかでは、「貨幣を借りた人は利子をつけて返さなければならないのと同じように、人間は自分の子供たちに、自分が受けたよりもより良い、より完全な教育を与える義務を負う」という「原理」を提示しています。

他方、マーシャルは、「怠惰な生活を送る富裕者は軽蔑《けいべつ》されるように徐々に世論が醸成される」ことによって、資本家が経済騎士道の精神から逸脱しないように期待しました。「そうなりますと、いかに大きな富であっても、それがごまかしや、情報の操作や、詐欺的な取引や、悪意をもってするライバルの破滅によって得られたものであれば、社会的な成功へのパスポートにはならないでしょう。その目的において、その方法において、高貴である企業は、大きな財産をもたらすことがないとしても、科学の研究や、文学や、芸術が今日受けているような、公衆の讃美と感謝という妥当な報酬を受けることでしょう」と（「経済騎士道の社会的可能性」一九〇七年）。

マーシャルの言葉を聞いていると、「経済学者」というよりは「牧師」に説教されているかのような錯覚に陥るかもしれませんが、実は、ケインズもまた有名なマーシャル伝のなかで、「説教者」と「科学者」という二重の本性がマーシャルに潜んでいたことを的確に指摘していました。ケインズによれば、「説教者」としてのマーシャルは、「科学者」としてのマーシャルと比較して格段に優れていたわけではないけれども、マーシャル自身はしばしば前者に重きを置く傾向があったというのです。「知識のための知識」を求めようとせず、「抽象的な目的を実際的な進歩の必要に従属させた」とも言っています。

経済学者のなかには、マーシャルのそのような性癖が「科学」としての経済学の進歩には障害になったことを嘆く向きがあります。たしかに、そのような考えには一理ありますが、ケインズが指摘した、「知識のための知識」よりは「実際的な進歩の必要」を重視するような姿勢は、マーシャルがケンブリッジ大学教授時代（一八八五〜一九〇八）に育成した人材（ケインズはもちろんのこと、ピグーやロバートソン〔Dennis Holme Robertson, 1890-1963〕のようなのちに教授職に就いた人たち）に確実に受け継がれていきました。マーシャルを中心に形成された研究者集団を「ケンブリッジ学派」と呼んでいますが、彼らは例外なく「果実を求める学問」としての経済学（換言すれば、「実践性」を重視した経済学）というマーシャルの理想に忠実でした。

シュンペーターの反発

ケンブリッジ学派の雰囲気は、マーシャルの弟子たちにとっては意識しないですむかもしれませんが、外部から訪れた研究者にとっては、ときには違和感を感じさせるものです。例えば、企業者のイノベーションの遂行が経済発展の原動力になることを説いた『経済発展の理論』（一九一二年）で有名なオーストリア出身の経済学者シュンペーター（Joseph Alois Schumpeter, 1883-1950）は、若い頃、イギリス滞在中にケンブリッジのマーシャルを訪ねていますが、学問や芸術などの分野（例えば、フロイトの精神分析やクリムトの分離派運動）で革新的な動きが噴出した世紀末ウィーンで青年時代を過ごし、「芸術のための芸術」を好んでいたシュンペーターは、経済学の実践性をあまりにも強調しているようにみえるマーシャルの姿勢には馴染めなかったようなのです。

イギリスは、スミス以来、経済学の最先進国だったので、その伝統を受け継ぐ意識が強かったマーシャルやその弟子たちも、自分たちこそが先頭に立っているというプライドがあったと思います。逆に、イギリスと比較して経済学では後れをとっていたオーストリアの経済学者であったシュンペーターには、それに対抗しようとする意識が強烈にありました。

早熟だったシュンペーターは、二十五歳の若さで『理論経済学の本質と主要内容』（一九〇八年）と題する最初の著作を書いているのですが、実は、そのなかで、マーシャルが主著のモットーに「自然は飛躍せず」という言葉を選んだことに異議を申し立てているのです。シュンペーターによれば、人間の「文化」や「知識」の発展は、連続的ではなく、飛躍的に生じるのだというのです。シュンペーターの思想は、先に触れたように、革新的な学問や芸術などが一気に花開いた世紀末ウィーンの独特な雰囲気《ふんいき》を離れては理解できないように思われますが、それだけになおさら、経済学や経済発展の「連続性」を強調していたマーシャルを標的にしたのではないでしょうか。

シュンペーターが資本主義のダイナミズムをもたらすものとして注目したイノベーションも、まさに非連続的に生じることが強調されています。例えば、「郵便馬車をいくら連続的に加えても、それによってけっして鉄道をうることはできないであろう」と。これほど考え方に違いがあれば、マーシャルとシュンペーターが、お互いに馬が合わなかったのは当然と言えるかもしれません。

環境経済学の先駆者

マーシャルが経済学に残した遺産のなかで、環境問題が深刻になってきた現在、もっとも注目に値するのは、「外部不経済」の概念でしょう。外部不経済とは、簡単にいえば、一企業の行動が社会全体に経済的不利益をもたらすことを指しています（これに対して、マーシャルは、産業全体の規模が拡大することによって、その産業内の個々の企業が利益を受けることを「外部経済」と呼びました）。例えば、工場から出る煤煙《ばいえん》によって隣接地域の空気が汚染される場合のように。

しかし、資本主義経済においては、民間企業は、ふつう外部不経済を考慮しないので、放置しておくと環境汚染がもっと深刻になる恐れがあります。このような場合には、政府が例えばその企業に課税することによって、環境汚染対策を講じなければなりませんが、マーシャルの弟子であったピグーは、のちに『厚生経済学』（一九二〇年）という著書のなかで、このような問題を詳しく取り上げました。今日「環境経済学」という分野が脚光を浴びていますが、外部不経済の生みの親がマーシャルであったことを忘れてはならないと思います。

ところが、マーシャルの『経済学原理』は、「需要と供給の均衡」について論じた部分を除くと、実に多様なアイデアや思想がちりばめられているために、その真意をつかみにくい嫌いがあります。そのことは、経済理論を図表や数式をたくさん使って解説してある現代の経済学の教科書と比較すると一目瞭然《いちもくりょうぜん》です。

例えば、現代の経済学者は、エッセイではともかく、「経済学原理」の教科書には次のような文章は書かないものです。「父親が喜びのない生活を送っている家庭で生活することが、若い人々に与える損害を考えただけでも、両親に対して何らかの救済の措置をとることは、社会の利益であろう。有能な労働者と立派な市民は、母親が一日のうちのかなりの時間留守にする家庭からは生まれないように思われる。また、父親が、子供が寝るまでに帰宅することの稀な家庭の場合にも、同様である。それゆえに、家庭から離れている勤務時間が異常に長い場合には、たとえ鉱石輸送列車の車掌やその他の人々のように、仕事自体は非常にきびしいことがないとしても、時間の短縮は、社会全体にとって直接の関心事である」と。

このような文章を、「説教者」としてのマーシャルの本性が再び顔を出したものとして読み飛ばすことは簡単ですが、経済学が若い世代の潜在力を引き出すために役立つのは当然だと考えていたマーシャルは、大まじめに「余暇」の重要性について語っているのです。もちろん、「温かい心」とともに「冷静な頭脳」をもっていたマーシャルは、労働時間の短縮のような改革が即座に実現されるとは思っていなかったでしょう。それを実現するには、労使双方の啓蒙とともに人間性が徐々に卓越したものに向上していくことが不可欠だからです。

マーシャルの数学的才能をもってすれば、一生を数学者として生きることは簡単だったかもしれません。しかし、「豊富のなかの貧困」の実態に触れて社会意識に目ざめて以来、マーシャルは、結局、経済学を一生の仕事に選びました。マーシャルが築いたケンブリッジ学派は、ピグーやケインズなどの多彩な人材の育成に成功し、スミス以来のイギリス経済学の正統を受け継ぐものとして大きな影響力をふるうようになるのですが、その原点がヴィクトリア朝の繁栄に隠れた貧困問題の発見にあったことを忘れるべきではないでしょう。いまの若者の一部に、たんに数学の能力を試したいために経済学の分野に参入しようとする者が少なからずいるのとは大きな違いあるのではないでしょうか。

参考文献

松浦高嶺『イギリス現代史』（山川出版社、一九九二年）

J・M・ケインズ『人物評伝』大野忠男訳（東洋経済新報社、一九八〇年）「アルフレッド・マーシャル」「ウィリアム・スタンリー・ジェヴォンズ」を収録

Memorials of Alfred Marshall, edited by A.C.Pigou, 1925.「経済学の現状」「経済騎士道の社会的可能性」など、一部の翻訳は、『マーシャル経済論文集』永澤越郎訳（岩波ブックサービスセンター、一九九一年）に収録

A・マーシャル『経済学原理』全四冊、永澤越郎訳（岩波ブックサービスセンター、一九八五年）

A・スミス『国富論』大河内一男監訳、全三冊（中公文庫、一九七八年）

A・スミス『道徳感情論』水田洋訳、全二冊（岩波文庫、二〇〇三年）

水田洋『アダム・スミス』（講談社学術文庫、一九九七年）

根井雅弘『経済学の歴史』（講談社学術文庫、二〇〇五年）

根井雅弘『シュンペーター』（講談社学術文庫、二〇〇六年）
J・A・シュムペーター『理論経済学の本質と主要内容』大野忠男・木村健康・安井琢磨訳、全二冊（岩波文庫、一九八三－一九八四年）
J・A・シュムペーター『経済発展の理論』塩野谷祐一・中山伊知郎・東畑精一訳、全二冊（岩波文庫、一九七七年）
菱山泉『近代経済学の歴史』（講談社学術文庫、一九九七年）
伊藤宣広『現代経済学の誕生』（中公新書、二〇〇六年）

＊本書全体を通じて、翻訳書からの引用に際しては、ごく一部のマイナーな修正を除いて、訳者に従いました。

第二章　豊富のなかの貧困――ケインズ革命

ケインズが「豊富のなかの貧困」という言葉を使ったことは、すでに前の章で触れましたが、彼の場合、それは、たんに「繁栄の影に隠れた貧困」を意味する言葉ではありません。しかし、その正確な意味は、「有効需要の原理」を知らなければ理解できないものなので、答えはのちに提示することにしましょう。

マーシャルからの「逸脱」

さて、ケインズがマーシャルの弟子筋に当たることは有名ですが、本人も認めているように、長いあいだマーシャル経済学の教えを忠実に教え続けました。もちろん、ケインズの経済学的思考法は少しずつ変化・発展していきましたが、『一般理論』を書くまでは、マーシャルが築いたケンブリッジ学派という「要塞」のなかの最も優れた弟子の一人であったと言ってもよいでしょう。

ところが、一九三〇年代の世界的な大恐慌の蔓延が、ある意味で、ケインズをマーシャル経済学からの「逸脱」を意識させる方向へと次第に導いていきました。もっとも、「逸脱」とはいっても、ケインズがケンブリッジ学派の申し子であったことには変わりはないのですが、一点において、彼はマーシャル経済学では解明できない問題があることに気づきました。それは、端的にいえば、マーシャル経済学には、ある与えられた時点で、何が国民所得や雇用量を決定するのかについての理論が欠落しているということです。そして、ケインズは、『一般理論』の革新性を訴えるために、マーシャルやピグーを含めた自分より前の経済学を「古典派」としてやや強引に一括し、それは「セーの法則」に立脚した経済学だという戦略をとりました。

セーの法則とは、「供給はそれみずからの需要を創り出す」という一文に要約されるように、生産されたものは必ず購入される（したがって、生産が一般的に過剰になることはあり得ない）という考え方を指しています。もっとも、セーの法則を支持した経済学者のなかにも、産業部門間の調整不足によって、それが一時的に成り立たない可能性があることに気づいていた者は少なからずいましたが、部門間の調整が済んでしまえば、究極的には、セーの法則の世界に戻ると考えていたと言ってよいでしょう。

「セーの法則」への挑戦

ケインズは、このセーの法則に挑戦を挑んだのですが、それを説明する前に、セーの法則が成り立つには二つの条件（賃金率の伸縮性と利子率の伸縮性）が必要であることを正確に理解しておきましょう。

第一に、賃金率とは労働市場において需要と供給を調整する役割を演じるものですが、これが伸縮的であれば、やがては完全雇用が実現されることになります。例えば、労働に対する需要が減ってその供給よりも少なくなれば失業が生じますが、労働の超過供給は賃金率をスムーズに引き下げるので、労働に対する需要が回復し、やがて労働市場において需要と供給が一致する完全雇用が実現されるでしょう。それゆえ、もし失業がなくならないとすれば、それは賃金率の伸縮性を妨げるような何か（例えば、賃下げに抵抗する労働組合）があるからだということになります。

第二に、利子率とは金融市場において投資と貯蓄を調整する役割を担うものですが、これが伸縮的であれば、やがて投資と貯蓄は等しくなることになります。例えば、消費が減って消費財産業で失業が生じたとしましょう。しかし、消費の減少は貯蓄の増加と同じなので、利子率がスムーズに下がり、それは投資の増加をもたらすでしょう。つまり、消費財産業で生じた失業は、投資財産業における雇用の増加によってちょうど相殺《そうさい》されるのです。

第一の条件によって、労働がつねに完全雇用される傾向があり、第二の条件によって、投資と貯蓄がつねに等しくなる傾向にあるので、労働者によって生産された財は、すべて消費財か投資財として需要されることになるでしょう。それゆえ、「供給はそれみずからの需要を創り出す」というセーの法則が成り立つのです。

「古典派」は、繰り返しになりますが、セーの法則が一時的に成り立たない可能性は十分にあると認めていました。しかし、彼らの理論では、究極的には、セーの法則が成り立つ世界へと自然に戻ってくることが暗黙裏に想定されていたのです。それゆえ、ケインズは、『一般理論』のなかで次のように述べたのです。

> 「現代の考えは、もし人々が彼らの貨幣をある仕方で支出しないならば、それを他の仕方で支出することになるという観念に依然として深く根を下ろしている。もちろん、第一次大戦後の経済学者の中でこの立場を整合的に維持することができたものは稀であった。なぜなら、今日の彼らの考えの中には、これと反対の傾向や、彼らの以前の見解にあまりにも明白に矛盾する経験的事実が、あまりにも多く滲み込んでいるからである。しかし、彼らはまだ十分に突きつめた結論を引き出すにいたっておらず、したがって彼らの基礎理論を改訂するにいたっていない。」（傍点は引用者）

ケインズは、このようなセーの法則が「古典派」の根底にある限り、働く意欲がありながら「有効需要」の不足のために失業している大量の人々（これを「非自発的失業」と呼びます）を救うことはできないと考えました。有効需要とは、この場合、実際の購買力に裏づけられた需要の意味ですが、外国貿易や政府の経済活動を捨象した単純な「封鎖経済」の想定のもとでは、その内容は、消費と投資に大別されます。

ケインズが「非自発的失業」という言葉にこだわったのは、「古典派」の人々も、いまの賃金率ならむしろ働かないことを選択する「自発的失業」や、労働の産業間の移動が不完全なために需要の変化に対応できず、一時的に生じる「摩擦的失業」の存在には気づいていたからです。そうではなくて、有効需要の不足によって生じるのが非自発的失業なのだというのが、ケインズの主張でした。ケインズは、このようなアイデアを「有効需要の原理」に結実させていきましたが、以下では、その単純ではあるものの最も根本的な国民所得決定の理論を紹介することにしましょう。

国民所得の決定

いま、私は『一般理論』を有効需要の原理を確立した著作として言及しましたが、それは、ケインズが、失業問題を「古典派」のように労働市場の問題としてではなく、社会全体（「マクロ」と言い換えてもよいのですが）の有効需要が決定的に重要な問題として捉えていたからにほかなりません。封鎖経済のもとでは、先ほど触れたように、有効需要は消費と投資から構成されますが、さらに「短期」（人口・資本設備・技術が所与という意味）の想定を置くと、国民所得が決まれば、それに対応して雇用量も決まるので、国民所得決定の理論は、同時に大量失業の謎を解くことにもつながります。

さて、一国の経済規模を国民所得の大きさで表わすのは今日ではごく普通のことですが、国民所得は、供給面からみれば一定の期間に新たに生産された財やサービスの合計（「総供給」Y）として、需要面からみれば社会全体の有効需要（消費C＋投資I、すなわち「総需要」）として捉えられます。『一般理論』の特徴は、簡単にいえば、国民所得が総供給と総需要が等しくなるところで決定されるというところにあります。しかし、国民所得決定のメカニズムを説明するには、有効需要の構成要因についてある仮定を置かなければなりません。

とくに、重要なのは、消費についての仮定です。ケインズは、消費は国民所得の関数である［C＝f(Y)］と考えましたが、消費は国民所得の増加とともに増加しても、消費の増加ΔCは国民所得の増加ΔYには及ばないと仮定しました（数学的には、0＜ΔC/ΔY＜1と表現されます）。ΔC/ΔYを「限界消費性向」と呼びますが、ケインズは、これが1よりも小さい正の値をとるのが、「近代社会の基本的心理法則」であると述べています。もう一つの有効需要の構成要因は投資ですが、最も簡単な国民所得決定のモデルでは、ひとまず一定と仮定されます。以上をまとめると、

$$Y = C(Y) + I \qquad (1)$$

という方程式を立てることができますが、これが、総供給と総需要の等しくなるところで国民所得が決定されるという理論の数学的な表現です。これは、一つの未知数Yを含む一つの方程式なので、Yに関して解くことができます（図1を参照のこと）。

ケインズは、国民所得から消費を引いたものを貯蓄S（これもYの関数です）と定義しているので、(1)式は次のようにも書き換えられます。

$$S(Y) = I \quad (2)$$

(2)式は、言葉で説明すれば、貯蓄と投資が等しくなるところで国民所得が決定されるという意味ですが、本質は(1)式と全く同じです。

ところが、こうして決まったYが完全雇用に対応した国民所得Y_fに一致する保証はどこにもありません。もし社会全体の有効需要が極端に少なくなれば、国民所得はY_fよりもかなり低い水準に決まるので、それとともに雇用量もきわめて低い水準に決まるでしょう。実際、一九三〇年代の世界的大恐慌の時代には、消費も投資も完全雇用を実現するにはあまりにも少なかった（同じことですが、貯蓄意欲は旺盛なのに対して投資誘因がきわめて弱かった）ので、働く意欲がありながら雇用されない非自発的失業者が大量に出現してしまったのです。

非自発的失業が生じているとき、政府は積極的に消費や投資を増やすための政策を立案し、そ

図 1

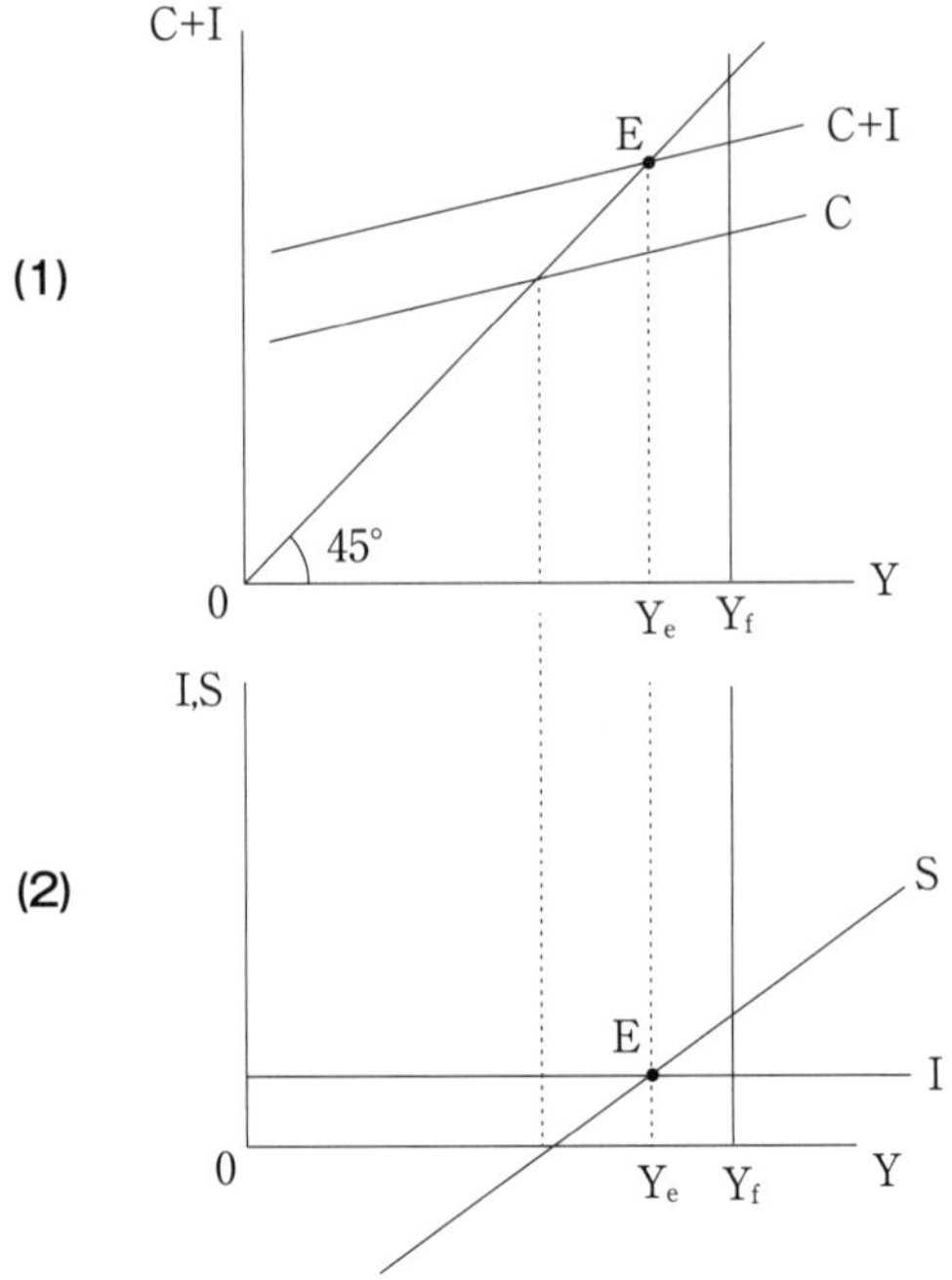

縦軸にC+I、横軸にYを測った図1-(1)において、均衡国民所得Y_eは、C+Iと45°線の交点Eにおいて決定されます。45°線上では、C+IとYは等しいので、Y = C(Y) +Iという式をこの図に移しかえることができるのです。

図1-(1)に対応する形で、図1-(2)には、縦軸にIとS、横軸にYを測った図が描かれています。この図は、S(Y) = Iという式を移しかえたもので、均衡国民所得Y_eは、IとSの交点Eにおいて決定されます。

しかし、Y_eは完全雇用に対応した国民所得Y_fには足りないので、この場合には、C+Iをより上方へシフトさせるような総需要管理が必要になるのです。

れを実行しなければなりません。例えば、消費を増やすための減税、投資を増やすための低金利政策、それでも足りなければ、政府みずからが財政赤字をつくってでも公共投資をおこなうなど。これらは、ふつう「ケインズ政策」と呼ばれていますが、その含意については、後ほど触れることにしましょう。いまは、もう少し、ケインズの国民所得決定論についての説明を加えなければなりません。

節約のパラドックス

先ほどの説明が抽象的に過ぎると思われたかもしれないので、国民所得の関数としての消費を $C=cY$（cは消費性向）とおいて、$Y=C+I$ に代入して整理すると、$Y=\frac{I}{1-c}$ という最も単純な国民所得決定の方程式が得られます。$(1-c)$ は貯蓄性向sに等しいので、

$$Y=\frac{I}{s} \qquad (3)$$

と書くこともできます。ここで、$\frac{1}{s}$ を「乗数」と呼びます。

いま、投資Iが一〇〇兆円、貯蓄性向sが〇・一の場合（乗数は一〇）、簡単な計算によって、国民所得Yは一〇〇〇兆円に決まります。そのうちの一割が貯蓄されるので、全体としての貯蓄Sは投資と同じ一〇〇兆円です。すなわち、ケインズ経済学では、投資がそれに等しい貯蓄を生

み出すところに国民所得を決定するという論理（I→S）が貫かれます。これは、角度を変えてみると、全体としての投資Iが変わらなければ、全体としての貯蓄Sも変わらないということもできます。

この点を確かめるために、貯蓄性向が〇・一から〇・二へと変化（乗数は一〇から五へと変化）したけれども、投資は一〇〇兆円で変化がない場合を考えてみましょう。これも、簡単な計算によって、国民所得は五〇〇兆円に決まります。そのうちの二割が貯蓄されるので、全体としての貯蓄は、やはり一〇〇兆円です。すなわち、貯蓄性向が変化したとしても、全体としての投資に変化がなければ、全体としての貯蓄には変化がなく、変化するのは国民所得なのです。

これはとても簡単な例ですが、ケインズが指摘した「節約のパラドックス」を説明するときによく使われます。個人の場合では、以前は所得のうち一割を貯蓄していたのを二割に増やせば、その個人の貯蓄は二倍になるでしょう。しかし、もし社会全体の人々がそのような行動をとるならば、貯蓄性向が〇・一から〇・二になることによって、乗数が一〇から五へと低下するので、すでに見たように、国民所得が減少し、全体としての貯蓄は、変化のなかった投資と異なるものにはなり得ないのです。これを節約のパラドックスと呼んでいます。節約のパラドックスは、個人について当てはまることが即社会全体についても当てはまると考えるのは誤りである（これを「合成の誤謬」と呼びます）ことを教えてくれます。ケインズの『一般理論』が「マクロ」の経済理論だと呼ばれるゆえんです。

「豊富のなかの貧困」の意味

有効需要の原理を理解すると、この章の初めに触れた「豊富のなかの貧困」というケインズの言葉の意味を正確につかむことができます。この場合、「豊富」とは「潜在的豊富」、「貧困」とは「現実の貧困」と読み替えて下さい。現実が貧困に喘《あえ》いでいるとは、有効需要が不足しているために、生産設備の遊休や労働者の失業が生じていることを指しています。しかし、有効需要が十分にあれば、企業は労働者を雇って、生産設備を稼働させようとするでしょう。つまり、潜在的豊富とは、有効需要が完全雇用を実現するほど十分にあるので、労働者に失業の不安もなく、企業も生産物の売れ残りを心配することなく生産設備をフル稼働させることができる状態を指しているのです。けれども、留意すべきは、潜在的豊富は、自由放任主義のもとでは実現させることはできず、前にケインズ政策として挙げたような政府による総需要の意図的な管理が不可欠なことです。ケインズが「豊富のなかの貧困」という言葉を使ったとき、以上のような意味が込められていたことを頭のなかに叩き込んで下さい。

不確実性の下での投資

さて、先ほど不況のときのケインズ政策の内容として三つ（減税、低金利、公共投資）を挙げましたが、これを受験勉強式に「ケインズ政策＝○○○」というような覚え方をしないほうがよいと思います。というのは、この三つは、あくまで不況対策であり、総需要が過剰となってインフレーションの危機が生じそうなときは、不況のときとは逆の政策（増税、金利の引き上げ、公共投資の削減）が必要だからです。しかも、総需要の構成要因（消費と投資）のなかでも、ケインズ理論にとって決定的に重要なのは投資であることも忘れてはなりません（消費は国民所得の安定的な関数であると仮定されていました）。しかも、投資は、以下に説明するように、激動しやすい傾向をもっています。

企業家が投資をおこなおうとするとき、ふつう、彼はそれによって得られると見込まれる予想利潤率（ケインズは、「資本の限界効率」という難しい言葉を使っていますが）と、資金の借入コストに当たる利子率を比較考量しますが、企業家が合理的な行動をとる限り、予想利潤率と利子率が等しくなるところまで投資をおこなおうとするはずです。しかし、予想利潤率は「予想」されたものだけに、必ずしも経済の実態を反映したものと一致するとは限らず、企業家の抱く様々な予想（それは、例えば、好況のときは「楽観」の方向へ、不況のときは「悲観」の方向へと揺れ動きやすいものです）に応じて急激に変化する可能性があります。

ケインズは、「顕著な事実は、われわれが予想収益を推定するさいに依拠しなければならない知識の事実が極端に当てにならないということである」と述べていますが、これは言葉を換えていえば、企業家が「不確実性」の世界のなかで意思決定をしなければならないということです。

不確実で先の読めない状況のなかでは、企業家は、予想利潤率を予測するというよりは、「市場の心理を予測する」という意味での「投機」の影響を大きく受けるようになります。ケインズは、アメリカのウォール街を念頭に置きながら、次のような懸念を表明しています。「すなわち、アメリカ人は投資物件を買う場合、その予想収益よりもむしろ評価の慣行的基礎の有利な変化に対して望みをかけており、アメリカ人は上述の意味における投機家である、ということがそれである。投機家は、企業の着実な流れに浮かぶ泡沫ならば、なんの害も与えないであろう。しかし、企業が投機の渦巻のなかの泡沫となると、事態は重大である」と。

例えば、不況になって将来に対する「悲観」が支配的になると、投資の予想利潤率は、「評価の慣行的基礎」の変化を誰よりも早く予測しようとする投機筋によって、その真正の値よりもかなり低く見積もられるようになるので、たとえ利子率が下がったとしても、投資に対してその効果を相殺する以上のマイナスの影響を及ぼすかもしれません。実際、深刻な不況のときは、このような現象がしばしば観察されるものです。

「投資の社会化」とは何か

しかし、不確実性の世界のなかでも、企業家は、ただ手をこまねくばかりでなく、何らかの意思決定を強いられる場合も少なくありません。ケインズは、そのような場合、企業家は、「数学的期待値」のような数字ではなく、「血気」（「不活動よりもむしろ活動を欲する自生的衝動」のこと）に突き動かされて行動するのだという興味深いアイデアを披露しています。「すなわち、将来を左右する人間の決意は、それが個人的なものにせよ政治的なものにせよ経済的なものにせよ、厳密な数学的期待値に依存することはできず――なぜなら、そのような計算を行なうための基礎が存在しないからである――車輪を回転させるものはわれわれの生まれながらの活動への衝動であって、われわれの合理的な自己は、可能な場合には計算をしながらも、しばしばわれわれの動機として気まぐれや感情や偶然に頼りながら、できるかぎり最善の選択を行なっているのである」と。

ただし、不確実性の世界では、投機の影響がわざわいして、利子率が下がったとしても、本来ならおこなわれるような投資が抑制されるという事実は否定することができません。それゆえ、ケインズは、『一般理論』のなかで、国家が投資を社会的に制御する必要性を示唆しています。重要な文章なので、よく読んでみましょう。

「私自身としては、現在、利子率に影響を及ぼそうとする単なる貨幣政策が成功するかどうかについていささか疑いをもっている。私は、資本財の限界効率を長期的な観点から、一般的、社会的利益を基礎にして計算することのできる国家が、投資を直接に組織するために今後ますます大きな責任を負うようになることを期待している。なぜなら、上述の原理に基づいて計算される各種資本の限界効率に関する市場評価の変動があまりにも大きくなるので、利子率の実現可能な変化によってもはや相殺できないようになるかもしれないからである。」

まだソ連や東欧などの社会主義経済が現存し、ベルリンの壁が崩壊（一九八九年）する前には、「投資の社会化」を示唆したこの文章を社会主義の方向に解釈したケインズ研究者もいましたが、しかし、ケインズの他の著作もあわせて再検討してみると、彼がそのような意図をもっていたというのは真実ではないように思います。

ケインズは、『自由放任の終焉』のなかで述べたように、資本主義にはいくつかの欠陥があるにもかかわらず、賢明に管理されるならば、他の経済システムよりもはるかに効率的であるという信念をもっていました。『一般理論』は、資本主義を「賢明に管理する」方法として、一般的にいえば、「総需要管理」を主張したわけですが、いま問題になっている「投資の社会化」に関しては、私は、イギリスの「ケインジアン」（ケインズ経済学を受け継いだ人々の意味）であったカルドア（Nicholas Kaldor, 1908-86）の解釈がケインズの真意に一番近いのではないかと思っています。すなわち、それは、（1）高度の輸出潜在力や技術潜在力をもった産業の意図的な奨励、（2）民間投資の積極的な指導と誘導、（3）行政指導などを指していると。実際、ケインズは、一九二〇年代に発表した産業調整や産業政策などにかかわる時事論説のなかで、カルドア解釈に近い見解を表明しているのです。

ケインズとハイエク

ケインズは、『一般理論』のなかで、資本主義の危機を救うためには、古いタイプの自由主義者（彼は十九世紀の評論家や現代アメリカの銀行家を例にとっていますが）が決して容認しなかったような政府機能の拡張が必要であると主張しました。しかし、それは、「消費性向と投資誘因を相互に調整する仕事」、言い換えれば、総需要管理のみに限られるのであり、自由主義そのものを否定する意図は全くなかったのです。それゆえ、自由主義を否定したファシズム体制を念頭に置きながら、次のように述べています。

「今日の独裁主義的な国家組織は、効率と自由を犠牲にして失業問題を解決しようとしているように見える。短い好況の時期を除けば、今日の資本主義的個人主義と結びついている——私の考えでは、その結びつきは不可避的である——失業に、世界が遠からず我慢できなくなることはたしかである。しかし、効率と自由を保持しながら病弊を治療することは、問題の正しい分析によって可能となるであろう。」

ところが、古いタイプの自由主義に郷愁を覚える経済学者のなかから、ケインズが示唆したような政府機能の拡張は、結局、自由の否定と全体主義につながると批判する者が現われました。有名な『隷属への道』（一九四四年）を書いたハイエク（F.A.Hayek, 1899-1992）がその一人です。ハイエクは、たくさんの著作や講演のなかで、「他の異なった分野において形成されてきた思考の習慣を、機械的・無批判的に別の分野へと適用する」ような方法を「科学主義」と名づけましたが（「他の異なった分野」とは、端的には、自然科学を指しています）、ケインズ主義も、政府の総需要管理によって経済システムを計画どおりに制御できると考えているという意味で「科学主義」の一例だと捉えました。

しかし、ハイエクによれば、経済であれ社会であれ、秩序というものは、人間の行為の結果ではあるものの、決して人間の設計の結果ではないのであり、このような意味での「秩序」（ハイエクは「自生的秩序」と呼んでいますが）の発見がヒューム（David Hume, 1711-76）やスミスなどイギリス自由主義の偉大な思想家たちを貫く核心だというのです。ハイエクの眼には、ケインズ主義は自生的秩序の意義を理解しない謬見《びゅうけん》のように映ったのでしょう。

この関連で興味深いのは、ケインズがハイエクの『隷属への道』を読んだあと、その率直な感想をハイエクに書き送っていることです（一九四四年六月二十八日付）。ケインズは、その手紙のなかで、ハイエクが自由主義の意義を熱心に説いた部分にはほとんど反対する理由がないと最大級の賛辞を捧げていますが、経済の分野での何らかの「計画」の必要性という肝心の論点に関しては、次のような巧妙なレトリックを使ってハイエクに異議を申し立てています。

「しかし、私は、私たちの望むものは計画の全廃でも計画の縮小でさえもないと言わなければなりません。実際、私たちは、ほとんど計画の拡張を望んでいるといってもよいでしょう。ただし、計画は、できるだけ多くの人々が、指導する者も指導される者も含めて、あなた自身の道徳的な立場を完全に共有するような社会においておこなわれるべきものです。穏健な計画は、もしそれを実行する人々が、正しく方向づけられた彼ら自身の頭と心情をもって道徳的な問題に立ち向かうならば、安全でしょう。これは、事実上、すでに彼らのうちの一部については真実です。しかし、呪うべきは、その果実を享受するためではなく、道徳的にあなたの考えとは正反対の考えを抱くがゆえに計画を望み、神ではなく悪魔に奉仕しようとしているといってもよいような一つの目立った階層もまた存在することです。……

私は、おそらく、あなたが道徳的な問題と物質的な問題を少々混同しているのではないかと思います。危険な行動も、人々が正しい考えや感情をもつ社会では安全に実行することができますが、もしそれが誤った考えや感情をもつ人々によって実行されるならば、それは地獄への道となるでしょう。」

ケインズは、ここでは、ハイエクに倣って「計画」というやや強い響きをもつ言葉を使っていますが、ケインズは、前に触れたように、「消費性向と投資誘因とを相互に調整する仕事」の必要性を説いただけなので、一言でいえば、「総需要管理」に他なりません。しかし、これも繰返しになりますが、ケインズの総需要管理は、資本主義の崩壊を避けるために考案された「適度に保守的」な政策に過ぎず、スミス以来のイギリス自由主義の伝統を否定する意図は全くありませんでした。たしかに、のちに、ケインジアンの一部に左派的な傾向をもった人たちが現われたことは事実ですが、ケインズその人の思想は彼らのそれとは慎重に区別しなければなりません。

流動性選好説

さて、『一般理論』の革新性について語るには、あとどうしてもケインズの「流動性選好説」に触れずにおくことはできません。「流動性」とは、必要なときにいつでも他の財に代えられるという「交換の容易性」や、他の財と比較して元本の価値が安定しているという「安全性」の総称ですが、最も流動性の高いものは「貨幣」なので、とくに問題がない限り、二つは同じ意味で使うことにしましょう。ケインズの流動性選好説は、利子率が貨幣に対する需要と供給の関係によって決まることを説く理論ですが、これは、『一般理論』のなかでは、「古典派」の利子論（投資と貯蓄の関係で利子率が決まるという理論）を却《しりぞ》けるときに登場します。以下、なぜ「古典派」の利子論に問題があるのかを簡単に説明しましょう。

私たちは、所得を受け取ったあと、二段階の意思決定をおこないます。第一は、その所得のうちのどれだけを現在の消費のために支出し、どれだけを将来のために貯蓄するかという問題です。「古典派」は、この段階の意思決定しか視野に入れなかったので、利子を貯蓄に対する報酬であると捉えました。

しかし、私たちは、貯蓄するという意思決定をしたあとの段階で、その貯蓄のうちのどれだけをすぐにでも使える現金の形でもち、どれだけを他人へ貸し付ける（つまり、「債権」をもつという

図２

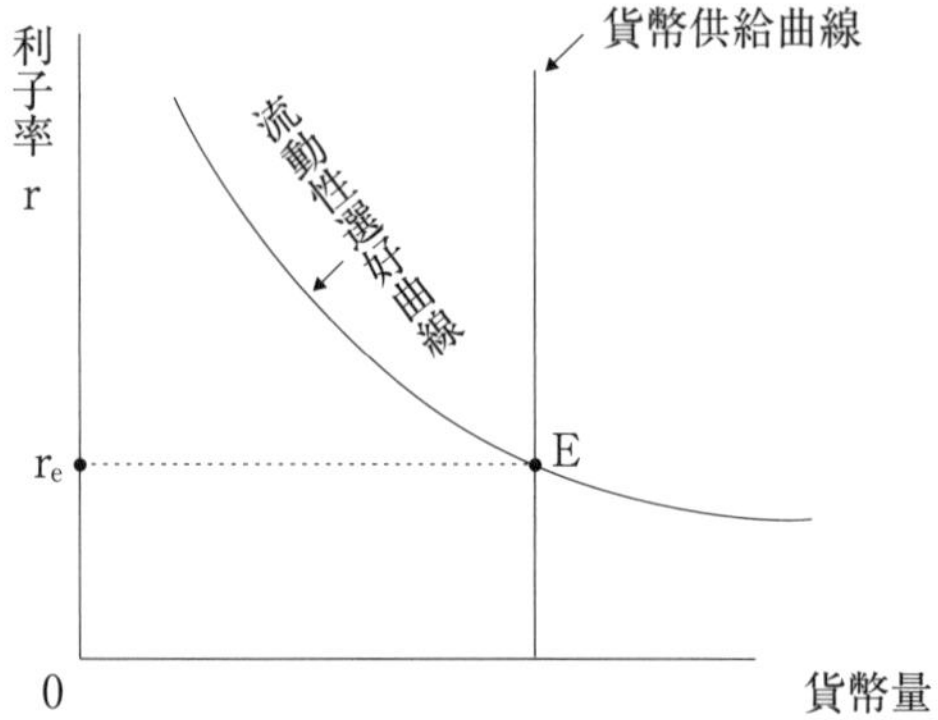

貨幣供給量は中央銀行によって一定量に決定されるので、図では垂直に描かれます。他方、流動性選好曲線（ここでは、貨幣需要曲線と同じ意味です）は、右下がりに描かれます。そして、利子率は、両曲線の交点Ｅに対応した水準 r_e に決まります。

こと）のかという問題にぶつかります。そして、利子は、貯蓄された貨幣が他人へ貸し付けられたときに初めて報酬として支払われます。ケインズは、この視点に立って、利子は「特定期間流動性を手放すことに対する報酬」であると定義しました。

人々に流動性をより多く手放してもらう（貨幣に対する需要が少なくなる）ようにするには、利子率がある程度高くならなければならないので、縦軸に利子率、横軸に貨幣量を測った図では、右下がりの貨幣需要曲線が描かれるでしょう。ケインズは、貨幣供給は中央銀行の政策によって一定量に決まると考えたので、貨幣供給曲線は垂直に描かれます。そして、利子率は、貨幣に対する需要と供給が一致するところで決まるというわけです。これが、流動性選好説の基本的な考え方です

（図2を参照のこと。より厳密な説明は、参考文献にあげたケインズ解説書を参考にして下さい）。

もし人々の貨幣に対する需要（ケインズは、別のところで、「貨幣愛」という言葉を使っていますが）が強ければ、貨幣供給量に変化がない限り、比較的高い利子率が成立するでしょう。比較的高い利子率と、将来を悲観する企業家の予想（予想利潤率の低下に反映されます）が組み合わさると、投資量が急激に減少し、乗数理論が教えるように、国民所得と雇用量も激減してしまいます。深刻な不況の到来です。かくして、『一般理論』が樹立した有効需要の原理は、乗数理論と流動性選好説という二つの柱に支えられているのがわかるでしょう。

「宗教」と「事業」

ケインズが資本主義を賢明に管理するかぎり他の経済システムよりもはるかに効率的であると考えていたことはすでに触れましたが、資本主義とは切り離せない貨幣愛が場合によっては大量失業を生み出す可能性があるという認識は、意外にも、ケインズが一九二〇年代の中頃にロシアを訪問したあとで発表したパンフレット『ロシア管見』（一九二五年）のなかで披露したレーニン主義についての見解と共鳴し合うところがあります。

それは、かいつまんで言えば、こういう意味です。ケインズは、『ロシア管見』のなかで、レーニン主義の本質を「宗教」と「事業」を組み合わせたものとして捉えました。「宗教」とは、革命後のロシアでは、貨幣愛が人々の行動を駆り立てる主要な動機ではなくなり、新興宗教と同じように、その力をごく少数の「熱狂的改宗者」から得ていることを指していますが、その意味での「宗教」は、西ヨーロッパではすでに数世紀ものあいだ「事業」とは切り離されていたにもかかわらず、レーニン主義は再びその二つを組み合わせた（正確には、「事業」を「宗教」に従属させた）というのです。

そのような思想は、「経済運営技術」の観点からは、きわめて非効率的なのですが、ケインズは、「宗教」の道徳的可能性については、しばらく「赤色ロシア」（ロシアの共産主義のこと）の動向を見守ろうという鷹揚《おうよう》な態度を示しています。おそらく、資本主義における貨幣愛の弊害を熟知していたがゆえに、貨幣愛を乗り越えて行こうとしているかにみえる「赤色ロシア」に対するケインズの評価が甘くなったのだろうとしか想像できないのですが、彼が本気でそのように考えていたことだけは否定しようのない事実なのです。「ロシア・コミュニズムは、行動に影響を与えるものとしての金銭的動機の相対的重要度を変化させ、社会的に是認される基準の分布を変え、かつては正常で尊敬すべきものとされた振る舞いを、正常でも尊敬すべきものでもなくさせるような社会の枠組みを作りあげようと努めていると、私は考えているのである」と。

教養人としての経済学者

ケインズは、今日では、「経済学者」として知られているのですが、ケンブリッジ大学（キングズ・カレッジ）で数学を学んでいた若い頃から、哲学・文学・芸術などあらゆる分野に関心をもっていたせいか、優等卒業試験（ケンブリッジでは、「トライポス」と呼ばれていますが）での数学の成績が芳しくなかったといわれるほどでした。とくに、伝統ある「ザ・ソサイエティ」と呼ばれる秘密学生団体に所属し、リットン・ストレイチー（伝記作家）やレナード・ウルフ（社会批評家）など才能あふれる人たちと付き合ったことは、その後のケインズの人生に大きな影響を及ぼすことになりました。

ケインズが学生の頃、「ザ・ソサイエティ」のメンバーに圧倒的な影響力をもっていたのは、ケンブリッジのトリニティ・カレッジのフェローをつとめていた哲学者ムーア（G. E. Moore, 1873-1958）の『倫理学原理』（一九〇三年）でした。この本の詳しい解説は難解なので控えますが、そこで、ムーアが最も内在的価値をもつものとして、「美的対象の享受」と「人間的交わりの喜び」の二つの精神の状態をあげたことは、ケインズはもちろんのこと、ダンカン・グラント（画家）、ヴァージニア・ウルフ（作家）、ロジャー・フライ（美術評論家）などのメンバーたちを虜にしてしまいました。彼らは、のちに、ロンドンで「ブルームズベリー・グループ」と呼ばれるものを形成するのですが、これは、言うなれば、「ザ・ソサイエティ」のロンドンへの拡張ともいうべき団体でした。

ケインズは、のちに経済学者として大成し、ブルームズベリー・グループのメンバーたちが好まないような世俗の人々（政治家、官僚、実業家など）とも付き合うようになったので、彼は「若き日の信条」（これは、一九三八年九月九日に非公式に読み上げられ、遺言によって死後に発表されたメモワールのタイトルです）からは距離を置くようになったのではないかと受け取られることがあります。

しかし、世俗の世界で政治家や官僚たちと付き合い、総需要管理によって大量失業を解消しようとする政策提言やその正当性を論証するための本を書いたことをもって、ケインズが「若き日の信条」を捨てた証拠とするには少し弱いように思います。なぜなら、ケインズが失業を憎んだのは、それが醜いからであり、失業問題に取り組んだのは、それを早い時期に解決し、もっとそれ自体として内在的価値のあるものを存分に楽しめるような世界を創り上げたかったからなのです。彼は、不況の最中にマドリードでおこなった講演「わが孫たちの経済的可能性」のなかで、次のように述べています。

「しかし何よりもまず、経済問題の重要度を過大に評価したり、経済問題で仮定されているいろいろな必要のために、もっと大きく、より持続的な重要性をもった他の諸問題を犠牲にしたりしてはならない。それは、歯科医術と同じように、専門家たちの問題であるべきなのだ。経済学者が歯科医と同じ位置にとどまって、控えめで有能な人とみなされるようになることができたとすれば、それはなんとすばらしいことであろうか。」

一言でいえば、ケインズにとって、経済学とは「目的」ではなく「手段」に過ぎなかったのです。経済学者という大きな職業集団が出来上がってしまった現在からみれば、ケインズの時代は、経済学の制度化がまだ中途半端なときに当たっていました。たしかに、ケンブリッジでは、マーシャルの尽力もあって経済学のトライポスも創設（一九〇三年）されてはいましたが、そのマーシャルでさえ、主著の『経済学原理』を読めばわかるように、狭い意味での経済理論ばかりでなく、ところどころ、歴史学や社会学などについての深い教養を感じさせる文章を残しています。それゆえ、マーシャルを間近に観察していたケインズは、有名なマーシャル伝のなかで、経済学者の要件について次のように述べましたが、それは、マーシャル以上にケインズその人について当てはまる名文だと思います。

「彼はある程度まで、数学者で、歴史家で、政治家で、哲学者でなければならない。彼は記号もわかるし、言葉も話さなければならない。彼は普遍的な見地から特殊を考察し、抽象と具体とを同じ思考の動きの中で取り扱わなければならない。彼は未来の目的のために、過去に照らして現在を研究しなければならない。人間の性質や制度のどんな部分も、まったく彼の関心の外にあってはならない。彼はその気構えにおいて目的意識に富むと同時に公平無私でなければならず、芸術家のように超然として清廉、しかも時には政治家のように世俗に接近していなければならない。」

嘆かわしいことに、経済学の専門化が進みすぎた現在、このような才能が欠落しているがゆえに、現実の経済問題と日々取り組みながらみずからの経済理論にも磨きをかけるケインズのような経済学者がほとんど皆無になってしまったのですが、反面、それだけになおさら、ケインズの著作を再読すると、数理的モデルしか取り扱えない現代の経済学者とは違った、スケールの大きい思索の成果に触れることができるのではないでしょうか。

参考文献

J・M・ケインズ『雇用・利子および貨幣の一般理論』塩野谷祐一訳（東洋経済新報社、一九八三年）
J・ロビンソン『資本理論とケインズ経済学』山田克巳訳（日本経済評論社、一九八八年）
伊東光晴『ケインズ』（岩波新書、一九六二年）
根井雅弘『ケインズを読み直す――入門現代経済思想』（白水社、二〇一七年）
吉川洋『ケインズ』（ちくま新書、一九九五年）
Nicholas Kaldor, *Further Essays on Economic Theory and Policy*, 1989.
西山千明編著『新自由主義とは何か』（東京新聞出版局、一九七七年）
F・A・ハイエク『市場・知識・自由』田中真晴・田中秀夫編訳（ミネルヴァ書房、一九八六年）
The Collected Writings of John Maynard Keynes, vols. 13-14, edited by Donald Moggridge, 1973.
J・M・ケインズ『説得論集』宮崎義一訳（東洋経済新報社、一九八一年）「自由放任の終焉」「わが孫たち

の経済的可能性」を収録
伊藤邦武『ケインズの哲学』(岩波書店、一九九九年)
J・M・ケインズ『人物評伝』大野忠男訳(東洋経済新報社、一九八〇年)「若き日の信条」「アルフレッド・マーシャル」を収録

第三章　経済学者にだまされないこと

「経済学者にだまされないこと」とは、ケインズの愛弟子で、ある時期まで唯一の女性のノーベル経済学賞候補だったジョーン・ロビンソン（Joan Robinson, 1903-83）の言葉ですが、正確には、次のような文脈で出てきます。「経済学を学ぶ目的は、経済問題に対する一連の受け売りの解答を得ることではなく、いかにして経済学者にだまされるのを回避するかを知ることである」（「マルクス、マーシャル、ケインズ」一九五五年）と。

「経済学者にだまされるな」という言葉からも推測がつくように、J・ロビンソンは、ある段階から、主流派経済学の徹底した批判者として有名でした。その内容は、のちに、具体的に紹介することになると思いますが、彼女の「戦闘的」ともいえる言論活動のおかげで、ケインズの死（一九四六年）以後のケンブリッジ大学がアメリカの有名大学（ハーヴァード大学やマサチューセッツ工科大学など）とはひと味違った特徴をもつに至ったと言ってもよいくらいです。

J・ロビンソンの「主流派経済学」批判

いま、「主流派経済学」（mainstream economics）という言葉を使いましたが、ここでは、それは、第二次世界大戦後、アメリカの経済学者サムエルソン（Paul A. Samuelson, 1915-2009）が主導した「新古典派総合」（Neo-classical Synthesis）を指しています。ケインズ以後、経済学の最先進国は、イギリスからアメリカへ移っていきましたが（それは、もちろん、経済的覇権国《はけんこく》がイギリスからアメリカへ移ったことを反映しています）、そのアメリカの地で、きわめて若い頃から頭角を現わし、経済学のあらゆる分野で活躍したのがサムエルソンでした。

サムエルソンは、シカゴ大学やハーヴァード大学大学院で学び、のちには、マサチューセッツ工科大学（ＭＩＴ）で長いあいだ教鞭《きょうべん》を執りましたが、一九四八年に第一版が出た教科書（『経済学――入門的分析』）が何度も版を重ねるほど世界的ベストセラーになったので、かつて経済学を学んだことがあれば彼の名前を知らない者はいないといってよいほど一時代を築いた著名な経済学者です。サムエルソンが唱えた新古典派総合は、一九七〇年代中頃まで経済学界の「主流派」であり続けましたが、Ｊ・ロビンソンは、まさに、この主流派経済学を徹底的に攻撃したのです。

では、新古典派総合とは何であったかというと、その基本的なアイデアは、それほど難解なものではありません。――ケインズ経済学が明らかにしたように、自由放任主義のもとでは、大量の非自発的失業が生じる恐れがあるので、政府が総需要を適切に管理し、できるだけ完全雇用に近い状態へ誘導しなければならない。しかし、いったん完全雇用が実現してしまえば、市場メカニズムの働きを基本的に信頼した「新古典派経済学」（もともとはマーシャル経済学を指す言葉でしたが、いまでは、すべての市場における需給均衡を考察するワルラスの一般均衡理論の系譜を指す場合が多くなりました）が復活すると。サムエルソンは、このように考えれば、ケインズ経済学と新古典派経済学を「総合」することができると主張したのです。

新古典派総合に対しては、専門的な観点から多くの問題点が提起されましたが、そのなかでも、比較的わかりやすいJ・ロビンソンの批判を取り上げることにしましょう。彼女は、一九七一年十二月、アメリカ経済学会の招きに応じて渡米し、「経済学の第二の危機」と題する有名な講演をおこないました。余談ですが、J・ロビンソンを招いたのは、当時アメリカ経済学会の会長であったガルブレイス（John Kenneth Galbraith, 1908-2006）でした。しかし、異端派経済学者として知られるガルブレイスが会長でなければ、彼女の招聘《しょうへい》は実現しなかったかもしれません。

さて、J・ロビンソンによれば、現代経済学は二つの危機に遭遇したのだけれども、第一の危機は、一九三〇年代の世界的大不況の時代、当時の正統派が「雇用の水準」を解明する理論をもたなかったがゆえに生じました。しかし、ケインズ革命によって、有効需要の原理に基づいた新しい雇用理論が提示されたので、第一の危機はようやく回避されることになりました。

第二次世界大戦後、アメリカでも、サムエルソンたちの努力が実って、ケインズ政策が採用されるようになり、深刻な不況は回避されましたが、その代わり、別の問題が発生しました。すなわち、ケインズ政策によって「雇用の水準」が維持されたとはいっても、その雇用は、国民の福祉とは関係のない軍需産業への支出によって維持されるようになったのです。J・ロビンソンは、政府がこのような「軍産複合体」（もともとはアイゼンハワー大統領の言葉）に利用されるような環境をつくってしまったサムエルソンを初めとするアメリカのケインジアンたちを厳しく糾弾しました。なぜなら、歴代のアメリカ大統領たちに、財政赤字は無害であると説得してきたのは彼らだからだというのです。

　サムエルソンの新古典派総合では、たしかに、総需要管理のように一部ケインズ経済学の考え方が採り入れられていますが、完全雇用に至れば、市場メカニズムがスムーズに働き始めることが当然のように想定されているので、究極的には、新古典派経済学しか体系的な経済理論として残らないことになります。それゆえ、J・ロビンソンは、アメリカでは、結局、自由放任主義と「消費者主権」（企業の生産は、究極的には、消費者の嗜好《しこう》によって支配されるという考え方を指すので、何が生産されようと、それは消費者の「選択の自由」を反映しているという考え方につながります）の影響力が大きかったがゆえに、貧困問題の真の解決策が講じられることもなかったし、環境汚染問題もたんに外部不経済として例外扱いを受けたに過ぎなかったのだとさらに詰め寄ります。

　では、どうすべきだったのでしょうか。その問いに対して、J・ロビンソンは、ケインズ革命が成功したあとで、問題を「雇用の水準」から「何のための雇用か」に切り替えて徹底的に議論すべきだったのだと答えます。すなわち、経済学の第二の危機とは、「雇用の内容」を問わなかったがゆえに現在生じている混迷状態なのだというのです。

何のための雇用か

「雇用の内容」を問い、アメリカの「軍産複合体」を糾弾するJ・ロビンソンの姿勢は、体制側にとっては、きわめて「左翼的」に見えることがありましたが、J・ロビンソンは、そのことは百も承知で、みずから「左派ケインジアン」を名乗って彼らに対抗しました。イギリスのケンブリッジ大学でケインズの影響を受けた研究者のなかには、J・ロビンソンのほかにも幾人か左派に傾斜した者がおりましたが、ケインズ自身は、前の章でも述べたように、「適度に保守的」であったという違いがあったことも留意しておくべきでしょう。

実際、「雇用の水準」vs.「雇用の内容」という問題に関連する『一般理論』におけるケインズの見解は、次の文章にみられるように、J・ロビンソンのそれとは明確に違っています。「労働する意志と能力をもっている一〇〇〇万人のうち九〇〇〇万人が雇用されている場合、この九〇〇〇万人の労働が誤った方向に向けられているという証拠はない。現在の体制に対する非難は、この九〇〇〇万人が違った仕事に雇われるべきだということではなく、残りの一〇〇〇万人のために仕事が提供されるべきだということである。現存の体制が挫折しているのは、現実の雇用の量を決定する点においてであって、その方向を決定する点においてではない」と。それゆえ、J・ロビンソンが左派ケインジアンを名乗るときは、アメリカのケインジアンたちばかりではなく、師匠であったケインズの限界にまで踏み込んでいることに注意して下さい。

J・ロビンソンがある段階から左傾化したのには、ポーランド出身の経済学者カレツキ（Michal

Kalecki, 1899-1970）の影響もあったと思います。カレツキは、良心的な社会主義者でしたが、経済学を専門的に学んだことはなく（ワルシャワとグダニスクのポリテクニークで土木工学を専攻）、独学で勉強した経済学といえば、マルクスやツガン＝バラノフスキー（Mikhail Ivanovich Tugan-Baranovskiy, 1865-1919）など、ごく少数に過ぎませんでした。当時の正統派経済学は、J・ロビンソンがケンブリッジ大学で学んだマーシャル経済学でしたが、カレツキは、マーシャルやピグーなどのケンブリッジ学派の著作を体系的に研究したことはなかったに違いありません。

しかし、「正統派」の呪縛から免れていたカレツキは、驚くべきことに、ケインズの『一般理論』と類似の「有効需要の原理」をケインズよりも数年早く「発見」することになりました（「景気循環理論概説」一九三三年）。以下、そのあらましを簡単に説明しておきましょう。

『一般理論』の同時発見

いま、政府の活動と外国貿易の存在しない封鎖体系を考えてみましょう。国民所得は、所得面からみれば、利潤（資本家の所得）と賃金（労働者の所得）の合計ですが、支出面からみれば、投資と資本家の消費と労働者の消費の合計（＝国民生産物）となります。ここで、労働者はその所得をすべて支出する（賃金＝労働者の消費）と仮定しましょう。とすると、次のような利潤決定の命題が得られます。

$$利潤(P) = 投資(I) + 資本家の消費(C) \qquad (1)$$

(1)式において、資本家の消費が利潤の関数であることを次のように表わしてみましょう（ここで、B_0は基礎的な消費部分、λは資本家の消費性向を指しています）。

$$C = B_0 + \lambda P ,\ 0 < \lambda < 1 \qquad (2)$$

(2)式を(1)式に代入して整理することによって次の式を得ます。

$$P = \frac{B_0 + I}{1 - \lambda} \qquad (3)$$

ここで、さらに、賃金分配率 W/Y（Wは賃金所得、Yは国民所得）をαとおくと、利潤分配率P/Y は当然（$1 - \alpha$）となるので、これを(3)式に代入して整理すると次の式を得ます。

$$Y = \frac{B_0 + I}{(1 - \lambda)(1 - \alpha)} \qquad (4)$$

(4)式における$\frac{1}{(1-\lambda)(1-\alpha)}$が、カレツキの「乗数」に当たるものですが、ケインズのそれと違って、資本家の消費性向λばかりでなく、分配関係を示すαが入っているところに特徴があります。しかし、投資Ｉが「乗数」を介して国民所得Ｙを決定するという論理は同じです。これが、『一般理論』の同時発見とも呼ばれることのあるカレツキ初期の仕事の一つですが、Ｊ・ロビンソンは、一九三〇年代に初めてカレツキとケンブリッジで会ったとき、彼がケインズの有効需要の原理に類似した考え方に精通していたことに驚きを隠せなかったようでした。

Ｊ・ロビンソンは、のちに、カレツキ理論の啓蒙に多くの時間を投入しましたが、先に触れたように、カレツキの影響でマルクス経済学を本気で勉強してみる気になり、その成果は、『マルクス経済学に関する試論』（一九四二年）と題して出版されました。師匠のケインズは、マルクスやマルクス主義の文献を本気で読んだ形跡はないので、Ｊ・ロビンソンは、この点では、ケインズよりもカレツキに触発されたとみるべきでしょう。

フリードマンの貨幣数量説

ところで、左派ケインジアンとしてのＪ・ロビンソンの活動のなかで、どうしても落とせないのは、アメリカの保守派の経済学者フリードマン（Milton Friedman, 1912-2006）に対する戦闘的（ときには侮蔑的）ともいえる批判です。アメリカでは、サムエルソンが唱えた新古典派総合が長く主流派経済学の地位を保ちましたが、ベトナム戦争以降、インフレーションが加速的に進行するようになり、古典派の「貨幣数量説」を現代に甦《よみがえ》らせようとしたフリードマンの活動が次第に注目を浴びるようになりました。

貨幣数量説とは、簡単にいえば、貨幣供給量の増加（減少）が物価水準の上昇（下落）をもたらすという学説のことですが、これをアメリカで有名にしたのは、エール大学で教鞭を執ったフィッシャー（Irving Fisher, 1867-1947）という経済学者です。フィッシャーの貨幣数量説は、MV＝POという形で表現することができます（ここでは、若干、記号法は変えてあります）。

Mは貨幣供給量を表わしますが、貨幣はたんに一度誰かに使用されて終わりではなく、一定期間（例えば、一年間）に何度も違う持ち主のあいだを転々とするのがふつうです。そこで、貨幣が取引のために年間使用された平均回数を「貨幣の流通速度」Vと呼ぶことにすると、MにVをかけたものは、その年間に支出された貨幣総額を意味するでしょう。この総額は、その経済の実質生産量Oに物価水準Pをかけたものに恒等的に等しいはずです。恒等的《こうとうてき》に等しい記号としては≡が使われますが（すなわち、MV≡PO）、これは事後的には必ず等しくなるという意味に過ぎないので、この恒等式だけでは、物価水準の決定について何も語ることはできません。そこで、貨幣数量説という場合、さらに、次の二つの仮定が置かれます。

一つは、実質産出量Oは、流通している貨幣Mがどれだけの量になっても一定であるという仮定です。もっとも、古典派も、貨幣供給量が増加すると、一時的に産出量や雇用量が増加することは認めていましたが、長期的には、実質産出量は、その経済の潜在的な生産能力（労働の完全雇用によって規定されます）によって決まるので、貨幣的要因によっては左右されないと考えました。

もう一つは、貨幣の流通速度Ｖは事実上一定であるという仮定です。この場合も、古典派は、Ｖが永遠に一定だとは決して考えていませんでした。なぜなら、例えば、インフレが進んでいるような状況では、貨幣の購買力が急速に減耗するので、貨幣を保有するよりは、それを流通過程に投げ込む人々のほうが多くなるからです（Ｖの上昇）。しかし、古典派は、Ｖの変動もやはり一時的なものに過ぎないと仮定しました。

ＭＶ≡ＰＯという恒等式において、ＯとＶが一定であるならば、ＭとＰは当然比例関係にあることになりますが、ふつう貨幣数量説という場合は、貨幣供給量の増加が物価水準の比例的な上昇をもたらす（すなわち、Ｍ→Ｙという方向の因果関係）という学説を指しています。フリードマンの現代版貨幣数量説は、これよりは精緻《せいち》化されていますが、貨幣供給量の増加が、一時的には産出量や雇用量の増加につながるものの、長期的には物価の上昇となって現われるという基本的な考え方は同じです。

フリードマンは、このような貨幣数量説の考え方に基づいて、インフレにならないようにするには、中央銀行が貨幣供給量（マネー・サプライ）を一定率で増加させる政策（これを「ｋ％ルール」と呼びますが）を採用すればよいと主張しました。彼の理論は、「貨幣」を中心にしているという意味で「マネタリズム」とも呼ばれましたが、それは、ケインジアンたちがインフレ問題の処理に手こずっているあいだに次第に勢力を拡大していったのです。

ロビンソンの激烈なフリードマン批判

ところが、J・ロビンソンは、フリードマンによる貨幣数量説の再述を自由放任主義の復活だとして激しく攻撃しました。先に説明したように、貨幣数量説では、貨幣供給量が変化して、一時的に産出量や雇用量が変化することがあったとしても、長期的には、それらはその経済の潜在的な生産能力に対応した水準に戻ることが仮定されていました。「潜在的な生産能力」とは、完全雇用に対応した産出量を意味するので、J・ロビンソンの眼には、フリードマンの論法は、暗黙的に、自由放任主義のもとでもいずれは完全雇用が実現されることを想定しているに等しいと映ったのでしょう。

しかし、J・ロビンソンは、自由放任主義を否定し、ケインズ流の総需要管理を採用すれば、完全雇用が恒常的に維持されるだろうと考えるほど甘くはありませんでした。さすがに、カレツキの影響でマルクス経済学の洗礼を受けたせいか、彼女は、とてもシニカルな見方をとっています。「失業は、民間企業経済における単なる偶然的な欠陥ではない。それどころか、それは、その体制の本質的なメカニズムの一部であり、実現すべき明確な役割があるのである」（「完全雇用の計画」一九四三年）と。

それはかいつまんでいえばこういうことです。失業には、第一に、雇い主の従業員に対する権威を維持するという役割があります。手が足りないほど求人が多いときは、失業者が街にあふれているときと比較して、労働者の交渉力が相対的に強くなり、工場内の規律を破壊してしまうかもしれません。失業は、第二に、貨幣価値を保持するという役割もあります。失業率が低くなるにつれて、ふつうは少しずつ物価が上がってくるので、それとは反比例して貨幣価値が下がります。しかし、貨幣価値の低下は、体制側（とくに、富裕な人々）の利害に反するのです。こうして、たとえ総需要管理によって完全雇用が実現されるというケインズ経済学の考え方を知っていたとしても、体制側はむしろある程度失業が存在するほうを好む場合もあり得るわけです。

J・ロビンソンの見解は、この点で、彼女と親しかったカレツキのそれと類似しています。カレツキは、第二次世界大戦中、「完全雇用の政治的側面」（一九四三年）と題する啓発的な論文を発表しましたが、そのなかで、完全雇用政策がいずれ挫折《ざせつ》する理由を考察しています。とくに、注目すべきは、「産業の指導者」が「完全雇用の維持によって生じる社会的・政治的変化に対する嫌悪」を理由に完全雇用政策に反対するようになることを論じているところです。

カレツキによれば、深刻な不況のときは、大量失業を避けるために、「借り入れによって調達された公共投資」がおこなわれるけれども、好況になって高い雇用水準を達成したとしても、それを引き続き維持しようとする努力がなされるとは限らないというのです。なぜなら、J・ロビンソンも指摘したように、「永続する完全雇用」は工場内の規律を破壊するだろうし、好況時の物価上昇は「大小いずれの金利生活者」の利益にも反するからです。カレツキは、次のように述べています。

「このような状態においては大企業と金利生活者の利害との間に強力な同盟が形成されそうであり、またそのような状態は明らかに不健全だと言明する経済学者をおそらく一人ならず彼らは見出すことであろう。これらすべての勢力の圧力、とりわけ大企業の圧力によって、政府は、十中八九、財政赤字の削減という伝統的な政策に後戻りしようとするだろう。不況がそれに続き、政府の支出政策は再び自らの権利を回復することになる。」

この文章のなかには、のちに「政治的景気循環」と呼ばれるようになったアイデアが含まれています。すなわち、不況時の借り入れによる公共投資→景気回復→永続的な完全雇用を好まない「大企業と金利生活者」の連合→財政赤字の削減→景気後退→再び公共投資への要求、というように、純粋に経済的な要因を離れて、政治的な要因によって景気の浮き沈みが意図的に創り出されるというのです。

J・ロビンソンとカレツキという仲のよかった二人の経済学者が、一九四三年という第二次世界大戦の最中、戦後に多くの先進国で採用されることになる「完全雇用政策」(「ケインズ政策」と言い換えてもよいのですが)の限界をいち早く指摘した慧眼《けいがん》には驚かされます。

賃金率は歴史的偶然の産物に過ぎない

ところで、J・ロビンソンがフリードマンを嫌っていたことは先にも触れましたが、その理由は、彼女がフリードマンの貨幣数量説や自由放任主義が気に入らなかっただけではないようです。その謎を解くヒントが、次の文章のなかに含まれています。「貨幣数量説のような、きわめて受け入れ難い議論が最近異常に流行しているのは、貨幣で表示した一般物価水準に影響を与える主要な要因が貨幣賃金の水準であり、また任意の時点におけるその賃金率の水準は多かれ少なかれ歴史的偶然であり、長い過去からの労働市場の状態に依存しているのだという事実を受け入れようとしないことに帰せられると思われます。この考えは、均衡や市場の合理性という概念にとってあまりに致命的な打撃でありましたから、いかなる理論でも、たとえ一連の呪文以外の何ものでもない理論でも、まだましだということだったのです」(「経済学の第二の危機」)と。

物価水準が貨幣賃金率に依存するという考え方は、ケインズの『一般理論』のなかにも示唆されていますが(正確には、貨幣賃金率と労働生産性の関係に依存するというべきですが)、J・ロビンソンが右の文章のなかで言っているのは、貨幣賃金率のような「歴史的偶然の産物で、遠い過去からの労働市場の状態に依存している」ものを、「需要と供給の均衡」とか「合理的選択の原理」のような概念によって捉えようとするのは、そもそも無理だということなのです。そして、そのような考え方は、ケインズ革命の「本質」についての彼女独自の解釈と結びついています。

ケインズの有効需要の原理は、すでに前の章で解説しましたが、『一般理論』のどこが真に革新的であるかという点については、ケインジアンのあいだでも意見が分かれています。J・ロビンソンは、ケインズの投資決定論を説明したときに出てきたような「不確実性」（例えば、ケインズは、「われわれが予想収益を推定するさいに依拠しなければならない知識の基礎が当てにならないということ」に触れていました）の概念を重視します。

不確実性がなぜ重要かといえば、私たちが「歴史的時間」のなかに生きているからです。歴史的時間の本質とは、J・ロビンソンによれば、「変えることのできない過去とまだ未知の将来との間に、たえず動きつつある瞬間において人間は生活しているのだ」（『異端の経済学』日本語版によせて）という認識のことですが、このような考え方を経済学史上はじめて中核に据《す》えたのが『一般理論』の核心だというのです。ところが、主流派経済学では、物理学的類推（振り子が空間をあちこち振動したあとに「静止」する）に基づいた「均衡」概念が、いまだに幅を利かせているのが現状です。しかし、主流派に反逆する彼女は、「ケインズ革命はどうなったか」（一九七二年）と題する講演のなかで、次のような挑発的な言葉を投げかけているのです。

「歴史が取り返しのきかない過去から未知の将来へと一方的に進行する時間のなかに、経済が存在するということをひとたび認めるならば、空間をあちこち振動する振り子についての機械的な類推に基礎を置く均衡概念は支持できなくなる。伝統的な経済学の全体が、新しく考え直される必要がある。」

主流派に対してこれほど戦闘的な「反逆」の姿勢をみせたのは、後にも先にも、J・ロビンソンしかいなかったと言ってもよいほどですが、残念ながら、彼女が亡くなってからの経済学界の動きは、「歴史的時間」ではなく「均衡」の方向へとより極端に流れていきました。フリードマンのあとに「合理的期待形成仮説」（ルーカスは、この仮説に基づいて、経済主体が政府の経済政策――例えば、ケインズ政策――を「合理的に」予測するならば、その政策の効果はなくなるというショッキングな結論を導き出しました）で一躍脚光を浴びた一人が、シカゴ大学教授のルーカス（Robert E. Lucas, Jr., 1937-）ですが、少し専門的な話をすると、彼は、マクロ経済学をミクロの経済主体の最適化行動によって基礎づけるという方法論を確立し、古いタイプのケインズ経済学に引導を渡していくことになるのです（詳細は、参考文献にあげたマクロ経済学の本を参照して下さい）。ルーカスが学界の覇権《はけん》を握ったことによって、ケインズ経済学と新古典派経済学の「接合」を図った新古典派総合は、結局、瓦解《がかい》し、みずから「ケインジアン」を名乗る人たちは少数派に転落してしまいました。

経済学者にだまされるな

では、J・ロビンソンの生涯にわたる努力は無駄だったのでしょうか。そうではないと思います。たしかに、現在では、「左派ケインジアン」を称する研究者はほとんどいないでしょう。しかし、「軍産複合体」の現実が消えたわけではありません。J・ロビンソンの友人で、アメリカの異端派経済学者として著名だったガルブレイスは、晩年の著作『悪意なき欺瞞《ぎまん》』（二〇〇四年）のなかで、大企業の「権力」に焦点を合わせながら、「名ばかりの民間企業」が国防総省に潜入し、国防予算の決定にまで影響を及ぼすようになった実態を暴露していますが、最近のイラク戦争の例をあげるまでもなく、「軍産複合体」から巨利を得ている大企業が存在する現実に目をつむるべきではないでしょう。

J・ロビンソンの「経済学者にだまされるな」というモットーは、「正統」「異端」を問わず、たとえ著名な学者や研究者の言うことであっても、その鵜呑《うの》みにすることなく、まず自分の頭で徹底的に考えてみることをすすめる教訓として捉えるとよいのではないでしょうか。なぜなら、J・ロビンソンでさえ、つねに正しいとは限らないからです。

例えば、左派だった彼女は、かつて中国の文化大革命の讃美者となり、それを礼賛する本まで書きましたが、ご承知のように、その後の中国は文革を清算し、「社会主義市場経済」「改革開放」の路線に切り替えて目覚ましい経済発展を遂げました。いまから、冷静に回顧すると、J・ロビンソンの文革礼賛の文章のなかには、的外れのものが少なくなかったと言われても仕方がないでしょう。

しかし、最近の中国では、「社会主義市場経済」というよりは「拝金主義」のような考え方が蔓延《まんえん》し、世界的にみても深刻な「環境汚染」や経済格差の問題などが生じてきました。かつての計画経済の失敗はもはや明らかなのですが、何事もバランス感覚は必要で、市場経済の利点を生かすべき分野と、政府がきちんと規制しなければならない分野とは慎重に区別しなければなりません。いまの中国では、アメリカの主流派経済学もずいぶん浸透してきていますが、J・ロビンソンがもし生きていれば、きっとアメリカの経済学を鵜呑みにしてはならないと警告を発したに違いありません。

参考文献

Joan Robinson," Marx, Marshall, and Keynes," in *Contributions to Modern Economics*, 1978.「マルクス、マーシャル、ケインズ」を収録

ポール・A・サムエルソン『経済学』〔第六版〕都留重人訳、全二冊（岩波書店、一九六六年）

根井雅弘『現代アメリカ経済学』（岩波書店、一九九二年）

J・ロビンソン『資本理論とケインズ経済学』（日本経済評論社、一九八八年）「経済学の第二の危機」「ケインズ革命はどうなったか」を収録

J・M・ケインズ『雇用・利子および貨幣の一般理論』塩野谷祐一訳（東洋経済新報社、一九八三年）

根井雅弘『定本　現代イギリス経済学の群像―正統から異端へ』（白水社、二〇一九年）

M・カレツキ『資本主義経済の動態理論』浅田統一郎・間宮陽介訳（日本経済評論社、一九八四年）「景気循環理論概説」「完全雇用の政治的側面」を収録

根井雅弘『ケインズを読み直す―入門現代経済思想』（白水社、二〇一七年）
J・A・トレヴィシック『インフレーション』堀内昭義訳（岩波書店、一九七八年）
Joan Robinson, *Collected Economic Papers*, vol. 1, 1960.「完全雇用の計画」を収録
J・ロビンソン『異端の経済学』宇沢弘文訳（日本経済新聞社、一九七三年）
吉川洋『現代マクロ経済学』（創文社、二〇〇〇年）
J・K・ガルブレイス『悪意なき欺瞞』佐和隆光訳（ダイヤモンド社、二〇〇四年）

第四章　時流にながされないこと

資本主義と社会主義

経済学を学ぶ者にとって「時流にながされないこと」は、口でいうほど簡単ではありません。前世紀末、二十世紀最大の実験であった社会主義が挫折《ざせつ》し、資本主義と社会主義の対立の象徴であったベルリンの壁も打ち壊されましたが、一時ジャーナリズムでは、これを「資本主義」（市場経済）の「社会主義」（計画経済）に対する完全勝利として捉える論調が支配的になりました。

社会主義の将来に希望をもった学者や知識人が世界中に多かっただけに、計画経済が立ち行かなくなった事実がベルリンの壁の崩壊という誰の目にも見える形で露《あら》わになったとき、資本主義という言葉に代えて、もっとジャーナリズム受けのする「市場原理主義」という言葉まで登場するようになりました。

市場原理主義という言葉は、厳密な学術用語ではないのですが、簡単にいえば、経済問題は政府の計画ではなく市場メカニズムを活用することによってこそ効率的に解決することができるという思想を指していると考えてよいでしょう。経済学者にとって、市場メカニズムの役割を正確に理解することは経済学のＡＢＣなので、その重要性を軽視または無視するような者はいないといっても過言ではありません。しかし、すべての経済問題が市場メカニズムによって解決されると信じている専門家はごく少数に過ぎないと思います。

ハイエク＝フリードマンの思想

ところが、一九七〇年代の中頃までに、多くの先進国で失業よりはインフレが社会問題となり、手厚い福祉を提供しようとした福祉国家が財政破綻《はたん》を招くようになると、それまで人気のあったケインズ経済学の影響力は急速に衰退し、それに反比例するかのように、ハイエクやフリードマンなどの保守主義の経済思想が台頭してきました。ハイエクやフリードマンの思想が市場原理主義と全く同じというわけではありませんが、彼らが生涯を通じて社会主義や計画計経済に反対し続けたことは有名な事実です。

ハイエクは、前の章でも触れたように、人間の行為の結果ではあるものの、人間の設定の結果ではないような「自生的秩序」の重要性を強調しました。彼は、社会秩序を思い通りに設計できると考え、伝統・慣習・歴史などを軽蔑《けいべつ》したデカルト派の合理主義を指して「設計主義」と呼びましたが、ケインズ主義もまた経済の分野で設計主義を実践しようとした謬見《びゅうけん》だというのです。

ハイエクは、比較的短いながらも彼の思想の核心に触れた「真の個人主義と偽の個人主義」（一九四五年）と題する論文を書いていますが（ここで「個人主義」は「自由主義」とほぼ同じ意味で使われています）、彼は、その論文のなかで、「人間の諸事象にみられる大部分の秩序を諸個人の行為の予期せざる結果として説明する」十八世紀イギリス思想家（ヒュームやスミスなど）の系譜（「真の個人主義」）と、「発見できるすべての秩序が計画的な設計による」と考えるデカルト派の合理主義者の系譜（「偽の個人主義」）を峻別しています。容易に予想がつくように、ハイエクはみずからを前者、ケインズを後者に分類していますが、ハイエクがその論文のなかで一貫して主張しているのは、人間理性の可能性を過信したデカルト派の合理主義の系譜が、個人主義の対極にある社会主義をもたらしたのだということです。

フリードマンの思想は、ハイエクのそれと比較すると、もっと単純明快です。彼の貨幣数量説再述の試みについては、すでに前の章で説明しましたが、「経済思想」と呼ぶべきものがあるとすれば、「自由市場」のほうが「計画経済」よりもはるかに効率的であり、たとえ「市場の失敗」（外部不経済や独占の弊害など、市場メカニズムだけに頼っていては解決できない問題が発生すること）があるとしても「政府の失敗」（計画経済やケインズ政策など、経済システムを思い通りに制御しようとしても成功しないということ）と比較すれば軽微なものであるということくらいでしょうか。わかりやすい例をあげると、フリードマンは、「自由のもろさ」（一九七六年）と題するエッセイのなかで、国民所得に占める政府支出の割合が六〇％を超えると、自由社会が危機に瀕するので、いまこそ、その流れを逆転させなければならないと主張しているのです。実にわかりやすい論理ですが、六〇%という合理的根拠がどれほど信頼に値するかは問題なしとは言えません。

しかし、わが国でも、一九六〇年代から七〇年代初めにかけての高度成長の時代には、フリードマンやハイエクの人気は芳しくはなかったものの、七〇年代の後半から八〇年代にかけて、時流がハイエク゠フリードマンの保守主義の方向に流れたことは明らかだと思います。時流の変化を象徴するかのように、フリードマン夫妻の共著『選択の自由』(一九八〇年)の日本語版がベストセラーとなり、フリードマンの名前が経済学者ばかりでなく一般の読者にもお馴染《なじ》みのものになりました。英米では、サッチャー首相(保守党)とレーガン大統領(共和党)が権力を掌握していたとき、ハイエク゠フリードマン流の保守主義が最高潮を迎えたといってもよいでしょう。

「保守派ムーブメント」に対抗するクルーグマン

しかし、流行には波があるように、最近では、市場原理主義だけでは経済問題の解決につながらないのではないかという反省がみられるようになりました。もっとも、わが国では、小泉政権時代(二〇〇一~〇六)に「構造改革」という名の市場原理主義に類似した主張を繰り返した経済学者やエコノミストがいなかったわけではありませんが、小泉旋風のあとに残されたものは、かつては「一億総中流」と呼ばれた日本でも、ここ数年、経済格差が進んでいるという実証研究が明らかにした現実でした。

興味深いのは、アメリカでも、ポール・クルーグマン（Paul Krugman, 1953〜）のような著名な経済学者が、経済格差の問題について積極的に発言し始めたことです。彼は、『格差はつくられた』（原題は、*The Conscience of a Liberal*, 2007）のなかで、次のような歴史的経緯を辿《たど》っています。

——第二次世界大戦後、ある段階までの共和党は、経済格差や不平等の是正に成果をあげたルーズベルトのニューディール政策を尊重していたので、民主党との「超党派政治」が長いあいだ続いたが、一九七〇年代を通じて、歴史の針を後戻りさせるような「保守派ムーブメント」が共和党内で次第に勢力を増すようになり、ついには、党内の覇権《はけん》を確立した。急進化した共和党右派は、労働運動に攻撃を加えて労働者の交渉力を弱体化させるとともに、高所得者に対する税金を劇的に減らそうとし、レーガン共和党政権時代にその目的のほとんどを達成したと。

要するに、クルーグマンによれば、「保守派ムーブメント」とは、ニューディール政策の成果を骨抜きにすることを狙っていたというのです。しかし、リベラル派の経済学者として経済格差を問題視するクルーグマンは、いまや、「保守派ムーブメント」に対抗し、かつてのニューディール政策の完成（象徴的なものは、全国民に対する医療保険の保障）を目指さなければならないと主張しています。

しかし、クルーグマンの目論見が成功するかどうかについては、彼自身も認めているように、幾つかの障害があるように思います。例えば、レーガンは表向きは肥大化した政府や共産主義の脅威などを強調して大統領に当選しましたが、本音では、アフリカ系アメリカ人に対する白人の反発を利用していました。なぜなら、アメリカが国民皆保険を提供していないのは、その受益者がアフリカ系アメリカ人だからであり、アメリカの福祉制度が急速に後退したのは、公民権運動に対する白人の反発があったからだというのです。

クルーグマンを読みながら、私は、保守化したアメリカ社会の実態を暴露したガルブレイスの『満足の文化』（一九九二年）を思い出していました。この本のキーワードは、「満ち足りた選挙多数派」ですが、ガルブレイスによれば、ごく一握りの経済的にも社会的にも恵まれた人たちが権力を握っていた一昔前と違って、いまでは、かなり豊かになり、実際に投票行動をすることによって多数派となった市民が支配者となってしまったというのです。

「満ち足りた選挙多数派」は、現状を肯定し、自己に対する配慮を行動の基準にするという意味で自己中心的な人々なので、自分たちの利益になるような政府の活動のみを容認し、経済的・社会的に恵まれない人々に手をさしのべる政府支出は増税につながるという理由で徹底的に反対しようとします。他方、選挙で当選することを第一に考える政治家たちは、満ち足りた選挙多数派の要求を無視することはできません。それゆえ、ガルブレイスによれば、レーガン＝ブッシュの共和党政権（在位期間は、レーガンが一九八一～八九、父ブッシュが八九～九三）は、彼らの意志を忠実に反映する諸政策（富裕階級を優遇する減税、福祉予算の削減、増税への抵抗など）を採用したという意味で「民主主義」の原則にきわめて忠実であったというのです。

ガルブレイスが指摘したアメリカ社会の保守化は、クルーグマンのいう「保守派ムーブメント」と重なり合うものがありますが、もしアメリカの保守主義が一時の流行ではなく、「ゆたかな社会」になったがゆえの必然的な流れであるとすれば、クルーグマンが主張するニューディール政策の完成は口でいうほど簡単には実現できない可能性があるのではないでしょうか。

センの「福祉の経済学」

しかし、だからといって、私は現状を追認するしかないと言おうとしているわけではありません。この点で、私たちを勇気づけてくれるのは、インド出身の経済学者セン（Amartya Sen, 1933〜）が独自の「福祉の経済学」の業績で一九九九年度のノーベル経済学賞の栄冠に輝いたことです。センが経済学者を志すようになったのは、幼い頃、ベンガルの大飢饉（一九四三年）に衝撃を受けたからだといわれていますが、この経験は、のちに、「経済合理性」のみに注目して人間行動を捉える新古典派の「経済人」モデルに対する疑問へとつながっていきました。

「経済人」モデルでは、人間は、ある選好順序のもとで矛盾を示さないという意味で「合理的な」行動をとると想定されているのですが、しかし、実際の人間行動はそれだけで理解できるのでしょうか。センはそのようには考えませんでした。なぜなら、人間行動のなかには、自分自身の効用とは何の関係もないのだけれども、他人が虐待されるのをみて、それは不当であるがゆえに中止させなければならないというような行動に出る場合があり、それは「経済人」モデルでは決して捉えられないからです。センは、そのような人間行動を「コミットメント」という言葉で理解しようとしました。

「コミットメント」という言葉は、何も経済学者の専売特許ではありません。三砂ちづる（津田塾大学教授）は、長いあいだ、「国際保健」（「発展途上国と呼ばれる国々で、貧困や政治状況の困難さの中で、理不尽な扱いを受けたり、十分な健康状況を得ることができない人々がよりよい状態であることができるように考えていく分野」『コミットメントの力』二〇〇七年）の現場で働いてきた方ですが、彼女の行動も、自己の利益を最大化するという経済的な動機だけでは理解することができず、社会のなかで人間はどのように生きるべきかという倫理的な思考法の力を借りる必要があるのです。

現代経済学は、「純経済的」な要因のみの分析にかけては、高等数学を駆使してきわめて精緻《せいち》な体系を構築することに長けていますが、私たちは、ひとたび「純経済的な」世界から現実の社会へと足を踏み出したとたん、それだけでは限界があることを認識しておくべきでしょう。センの「コミットメント」は、それを考えるためのヒントを与えてくれているように思われます。

「日本経済学の反省」

私たちが経済学を学ぼうとする動機はさまざまでしょう。たまたま経済学部に入学した人もいるでしょうし、あるいは、いま流行の金融工学を研究するために得意の数学の能力を活かしたいという意欲をもっている人もいるかもしれません。私は、動機は多様であっても一向にかまわないと思います。しかし、大切なのは、いまアメリカで流行しているからとか、たまたま友人が関心をもっているからとか、そのような理由のみで経済学の特定の分野を研究してみようという方向に流されないでほしいということです。流行や友人の関心などを否定するつもりはありませんが、ある程度、経済学を学んでいくにつれて、みずからの関心分野を発見し、それを開拓していってほしいと願っています。

黎明期《れいめいき》の日本の理論経済学界で活躍した安井琢磨《やすいたくま》（1909-95）は、半世紀も前に、「日本経済学の反省」について語っているのですが、それは、いまでも、傾聴に値する言葉のように思えてなりません。

「しかし、かりにここに外国の模倣に甘んじない若い学者があって、外国人に劣らない優秀な論文を書いたとしても、日本の学界の目が太平洋のかなたに注がれている以上、彼の期待するような正当な反響を見出す公算は多くない。彼は失望し、自信があるならばやがて憤慨する。彼は論文を英訳し、これを外国の雑誌に投稿する。この外国語の論文が発表され、日本に逆輸入されてくると、日本の学界はあらためて彼を見直し、エライやつだということになる。だから若い学者が日本で認められる一番の早道は、外国の雑誌に論文を書くことである。

　こういう奇妙な回り道をしない学者は、どんなに実力があっても、彼より劣った外国の学者よりも一層低い地位を彼の母国で受ける運命を甘受しなければならない。英米の経済学者は外国の文献に注意を払うことが少ないが、日本の経済学者は自国の文献に注意を払うことが少ない。……

日本人が日本人の書いたものを丁寧に読むこと、そして丁寧に読むに値するだけの、単なる解説と批評にとどまらない業績を生む努力をすること、この平凡な心がけが行きわたらないあいだは、心ある学者は日本の学界を嫌悪し、日本の学界の一員であることを嫌悪し、そうして日本人でありながら日本の学界を嫌悪しなければならぬ不幸を嫌悪し続けるであろう。」

私は、外国の流行や他人の関心などを無視するように勧めているわけでは決してありませんが、みずからの関心分野をしっかりと押さえておかなければ、それらに振り回されるだけになりかねないと注意を喚起しているのです。このように忠告しても、現時点では、あまりピンと来ないかもしれませんが、経済学を学ぶ以上、そのなかでみずからが生涯を通じてタッチできる分野が見つかるならば、将来きっと報われることになるだろうと信じています。

参考文献

F・A・ハイエク『市場・知識・自由』田中真晴・田中秀夫編訳（ミネルヴァ書房、一九八六年）「真の個人主義と偽の個人主義」を収録
西山千明編著『新自由主義とは何か』（東京新聞出版局、一九七七年）

西山千明編著『フリードマンの思想』（東京新聞出版局、一九七九年）「自由のもろさ」（原題は、The Line We Dare Not Cross）を収録
M&R・フリードマン『選択の自由』西山千明訳（日本経済新聞社、一九八〇年）
橘木俊詔『格差社会』（岩波新書、二〇〇六年）
ポール・クルーグマン『格差はつくられた』三上義一訳（早川書房、二〇〇八年）
J・K・ガルブレイス『満足の文化』中村達也訳（新潮社、一九九三年）
アマルティア・セン『合理的な愚か者』大庭健・川本隆史訳（勁草書房、一九八九年）
川本隆史『現代倫理学の冒険』（創文社、一九九五年）
三砂ちづる『コミットメントの力』（NTT出版、二〇〇七年）
安井琢磨『経済学とその周辺』（木鐸社、一九七九年）

第二部　二十世紀をつくった経済学
——シュンペーター、ハイエク、ケインズ

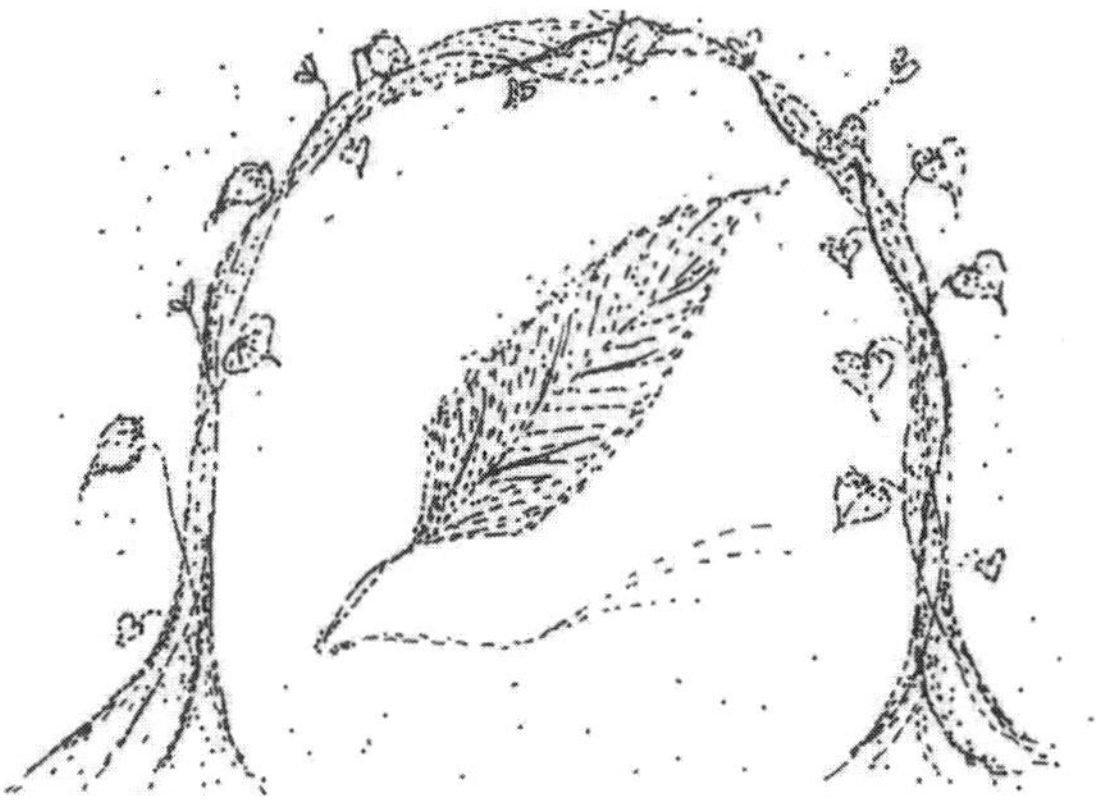

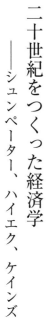

第一章　二十世紀のあけぼの──資本主義の本質を求めて

ケインズとシュンペーター

数年前、私は、京都大学の全学共通科目として新入生に配当されている「ポケット・ゼミ」（定員七名）を「ケインズとシュンペーター」という看板を掲げて募集したことがありました。コンピューターによる選考で集まった七名は、見事に文系学部と理系学部に均等に所属が分かれていましたが、最初に気づかされたのは、彼らの全員が二十世紀経済学の巨星ジョン・メイナード・ケインズ（John Maynard Keynes, 1883-1946）の名前を知っていたものの、ケインズのライバルであった天才的経済学者ヨゼフ・アロイス・シュンペーター（Joseph Alois Schumpeter, 1883-1950）の名前を知っている者が皆無であったという、いささか衝撃的な事実でした。いろいろ尋ねてみると、「ケインズはたしか高校の世界史の授業に出てきたのを覚えているが、シュンペーターの名前は記憶にない」ということでした。

もちろん、私は、新入生がケインズやシュンペーターについて深い知識をもっていることを期待していたわけではないのですが、現代経済思想史を専門に研究してきた私にとって、ケインズとシュンペーターの「知名度」にこれほどの落差がある事実を改めて突きつけられた形となり、少し考え込んでしまいました。この本では、その謎《なぞ》を解き明かすことはできませんが、あえて言えば、ケインズの経済学が簡単なモデルを使って説明しやすく、それゆえ教科書のなかに採り入れやすいという意味で「大衆性」をもっているのに対して、シュンペーターのそれは簡単なモデル化を許さないという意味で「大衆性」を拒否しているところにあるのではないかと思えるのです。その意味をこれから考えていきましょう。

シュンペーターが育った世紀末ウィーン

シュンペーターは、今日では、ケインズと並んで二十世紀の偉大な経済学者の一人としての評価が確立しているのですが、「経済学者」とはいっても、シュンペーターが青年時代を過ごした十九世紀末のウィーンでは、経済学という学問はまだ「制度化」が進んでいなかったことに留意する必要があると思います。学問の「制度化」という言葉は、佐和隆光《さわたかみつ》（京都大学名誉教授）の名著『経済学とは何だろうか』（岩波新書、一九八二年）によって人口に膾炙《かいしゃ》しましたが、ここでは皆さんにわかりやすいように、学問の境界が明確に区分され、それぞれの学問においてスタンダードとみなされる考え方が教科書を通じて教育されるようになることという意味で使いましょう。

もちろん、当時でも、ケインズの師匠に当たるアルフレッド・マーシャル（Alfred Marshall, 1842-1924）の代表作『経済学原理』（一八九〇年）が第八版（一九二〇年）まで版を重ねるほど、世界中で読み継がれたという事実はあります。しかし、イギリス以外の国々（例えば、ヨーロッパ大陸のドイツ、フランスなど）では、マーシャル経済学には同調しない学派がいくつも鼎立《ていりつ》していました。その意味では、経済学の「制度化」はいまだ確立されていなかったと言ってもよいと思います。

シュンペーターは、多感な青年時代を世紀末ウィーンで過ごしましたが、「世紀末ウィーン」というのは、そのテーマだけでたくさんの本が出ているほど、学問・文化・芸術においてまことに実り多き時代でした。例えば、精神分析学者のジークムント・フロイト（Sigmund Freud, 1856-1939）の『夢判断』の出版は一九〇〇年、画家のグスタフ・クリムト（Gustav Klim, 1862-1918）たちが古典的な美術と決別し、ウィーン分離派を結成したのが一八九七年、作曲家で指揮者のグスタフ・マーラー（Gustav Mahler, 1860-1911）がウィーン宮廷歌劇場の芸術監督に就任したのが一八九七年、というように。ウィーンは、ハプスブルク帝国の都でしたが、帝国は第一次世界大戦後には消滅してしまうので、十九世紀末はまさに最後の輝きを発していた特異な時代だったことがわかります。青年シュンペーターは、このような雰囲気《ふんいき》のなかで成長していったのです。

シュンペーターの才能は、「テレジアヌム」という上流階級の子弟が通う学校でも抜きん出ていました。彼は貴族の出ではないのですが、母親が再婚した相手の社会的地位が高かったので、図らずも、その学校で教育を受けるチャンスをつかみました。大学に入る前から、卓抜な語学力（ギリシャ・ラテンの古典語から独・英・仏・伊の現代語に至るまで）を武器に、古今の名著を幅広く読み漁《あさ》り、独特の速記術によって自分が学んだことをノートにとっていたという旺盛《おうせい》な知識欲は、現代日本の中高生のレベルをはるかに超えるばかりか、戦前の旧制高校の最も優秀な学生でさえ足元にも及ばなかったといっても決して過言ではないでしょう。誇張ではなく、彼は読めるものは何でも読んで、貪欲《どんよく》にそれを吸収していったのです。

青年シュンペーターが愛読した一人に、『悪の華』（初版一八五七年）で知られるフランスの詩人シャルル・ボードレール（Charles-Pierre Baudelaire, 1821-67）がいましたが、日本の中高生で、道徳的頽廃《たいはい》と憂鬱《ゆううつ》が交差するボードレールが好きだという人がいたとしたら（決して多くはないでしょう）、かなり「ませている」とか「小生意気な」とかいわれる可能性がないとは言えません。例えば、こんな散文詩はどうでしょうか。

「いつも酔っていなければならない。一切はそこにあり、それこそが唯一の問題だ。あなたの両肩を押しくだき、あなたを地面へと圧し屈める、〈時間〉の厭《いま》わしい重荷を感じないために、休みなく酔っていなければならない。

だが何に？　葡萄酒《ぶどうしゅ》に、詩に、あるいは美徳に、あなたの好むがままに。ただ酔いたまえ。

そして、もしも時たま、とある宮殿の階の上で、とある壕《ほり》の緑の草の上で、あなたなの部屋の陰気な孤独のなかで、陶酔はすでに衰えもしくは消え失せて、あなたが目覚めるならば、問いたまえ、風に、波に、星に、鳥に、大時計に、逃げてゆくすべてのものに、嘆息するすべてのものに、流転するすべてのものに、歌うすべてのものに、口をきくすべてのものに、問いたまえ、いま何時であるかと。すると風は、波は、星は、大時計は、あなたに答えるだろう、「酔うべき時刻だ！〈時間〉に虐げられる奴隷とならぬために、酔いたまえ。絶えず酔いたまえ！　葡萄酒に、詩に、あるいは美徳に、あなたの好むがままに」と。」（『パリの憂鬱』阿部良雄訳）

いま、たまたま、文学を例にとりましたが、それに限らず、哲学・社会学・経済学等々のあらゆる分野にまたがる青年シュンペーターの知識欲が、彼を「恐るべき子供」と呼ばれるほどの早熟の天才に育て上げたことは間違いないと思います。

マルクス主義の刺激

シュンペーターは、世紀が変わって、ウィーン大学法学部に学んでいますが（一九〇一年入学、〇六年に法学博士の学位を得て卒業。経済学は当時法学部にて講じられていました）、一番の収穫は、オイゲン・フォン・ベーム＝バヴェルク（Eugen von Böhm-Bawerk, 1851-1914）という恩師に巡り会ったことでしょう。ベーム＝バヴェルクは、専門的な仕事（マルクス経済学批判や、資本利子論の研究）のほかにも、第一次世界大戦前に三度も大蔵大臣をつとめたほどの大物でしたが、シュンペーターの才能をきわめて高く評価し、のちに教え子が世に出て行くのを陰に日向に手助けしました。

ベーム＝バヴェルクのゼミナールは、マルクス経済学をめぐる真摯《しんし》な論争の場となったことでも知られていましたが、大学に入る前からマルクス主義の文献に通じていたシュンペーターも、このゼミに参加していたマルクス主義者たちから大きな刺激を受けました（もっとも、このときに「友人」となったマルクス主義者とのちに政治の世界で対立することになるのですが、「政治」を語るのが本書の目的ではないので、詳しくは、拙著『シュンペーター』講談社学術文庫、二〇〇六年、をお読み下さい）。

カール・マルクス（Karl Marx, 1818-83）の経済学は、社会主義崩壊後の現代では、学生に人気のある科目ではなくなってしまったので（数十年前まではマルクス経済学が隆盛を極めたわが国の大学でも、最近は、「マルクス経済学」が次第に「社会経済学」という科目に名称替えをしているようです）、第二次世界大戦後、アメリカを中心に形成されてきた現代経済学によって完全に葬り去られたかのように思っている人たちも少なくないかもしれません。しかしながら、マルクスの「理論」とは区別された「思想」は、そう簡単に死んでしまうことはありません。シュンペーターも、経済理論としてのマルクス経済学を高く評価することはありませんでしたが、それでも、マルクスが資本主義について壮大な「ヴィジョン」（少し難しい定義ですが、「経済分析」に先行し、それに題材を提供する「分析」以前の認知活動のこと）をもっていたことに最大限の賛辞を送っています。しかし、マルクスとの関係については、またのちに触れることにしましょう。

ワルラスの一般均衡理論

さて、若き日のシュンペーターが最初にどんな経済学に関心をもったかといえば、それは、レオン・ワルラス（Marie Esprit Léon Walras, 1834-1910）というフランス人が確立した「一般均衡理論」と呼ばれるものでした。「均衡」とは、需要と供給が等しいときに使われる言葉ですが、例えば、特定の財について、需要と供給が等しくなるときの価格を「均衡価格」と呼んでいます。ただし、「一般均衡」とあるからには、特定の財ばかりでなく、あらゆる財について需要と供給が等しくなる状態だと思って下さい（特定の財についての需要と供給を考える分析手法は、「一般均衡」と区別して「部分均衡」と呼んでいます）。

ワルラスの構想は、簡単にいえば、次のようなものです。――ある時点において、経済体系にとって与えられていること（これを「与件」と呼びます。この場合、与件に当たるのは、資源・人口・技術・社会組織のこと）を固定し、競争を徹底的におこなうならば、もはやこれ以上変化しないような一般均衡状態に到達するだろう。このような状態は、連立方程式体系として数理的に表現することが可能であり、方程式の数と未知数の数が等しければ均衡解が得られるはずだと。ワルラスの主著『純粋経済学要論』（一八七四－七七年）を繙《ひもと》くと、「純粋経済学は本質的には絶対的な自由競争という仮説的な制度の下における価格決定の理論である」（第四版への序文より）という一文が登場しますが、これは右の構想を端的に表現したものにほかなりません。念のために注記しておくと、ここでは「純粋経済学」と「絶対的な自由競争」という言葉が使われていますが、それらは、「一般均衡理論」と「完全競争」とほとんど同じ意味です。

シュンペーターは、若き日に出会ったワルラスの一般均衡理論を、晩年に至るまできわめて高く評価しました。「均衡」という概念は、もともと、経済学が物理学から借用してきたものですが、ワルラスは、経済学がいつの日か物理学に比肩しうるような「科学」となる夢を持ち続けていました。初期のシュンペーターも同様ですが、しかしながら、彼にはワルラス理論には一つの重大な欠陥があることに気づきました。それは、一般均衡理論を応用して「静態」（産出量の変化がなく、生産・消費・交換などの経済数量がつねに同じ規模で循環しているような状態）の問題を解明することはできるけれども、経済数量が変化し、資本蓄積や技術革新が生じるような「動態」の問題の前にはそれは無力であるということです。

実際、彼は生涯に一度だけワルラスに直接会ったことがあるのですが、ワルラスに「動態」に対する関心が欠如していることに失望したようでした。シュンペーターは、のちに、主著『経済発展の理論』（第一版の序文には一九一一年七月の日付が記されていますが、出版は一九一二年、彼が二十九歳のときでした）の日本語版への序文（一九三七年六月）のなかで、こんなことを言っています。

「ワルラスは次のように言ったに違いない（事実、私は一度だけ彼と話す機会を得たが、そのとき、彼は私にそう言った）。すなわち、もちろん、経済生活は本質的に受動的であり、それに働きかけるかもしれない自然的・社会的影響に対して、単にそれ自身を適応させるに過ぎないので、静態的過程の理論が、事実上、理論経済学の全体を構成するものであり、経済理論家として、われわれは歴史的変化を説明する要因については多くを語ることができず、単にそれらを記録しなければならないだけであると。古典派と同じように、彼も人口の増大や貯蓄の増大については例外を認めただろう。しかし、これは体系の与件の変化を導入するに過ぎず、新しい現象を何も付け加えるものではないだろう。私は、これは間違っており、経済体系のなかには、達成されるかもしれない均衡をそれ自身で攪乱するエネルギーの源泉があると強く感じた。」（傍点は引用者による）

「静態」から「動態」へ

「動態」の世界に切り込むには、まだ何かが足りないと気づいたとき、シュンペーターの頭のなかには、マルクスの壮大な「ヴィジョン」のことが浮かんできました（彼は最初それに気づかなかったと言っておりますが）。マルクスの『資本論』（第一巻は一八六七年、第二巻と第三巻はF・エンゲルスの編集によって、それぞれ一八八五年と一八九四年に出版されました）は、利潤獲得の衝動に駆り立てられた資本家が絶え間ない技術革新とさらなる資本蓄積に励みながら資本主義経済を動態的に進行させる過程を分析していましたが、シュンペーターは、マルクスの経済理論（労働価値説や労働者の絶対的窮乏化論など）は受け容れなかったものの、このような資本主義経済についての動態的「ヴィジョン」からは大きな影響を受けました。

しかし、シュンペーター自身の「動態」の世界を描くには、まだ「役者」が足りません。資本主義を「静態」の世界から「動態」の世界へ飛躍させるものは何か──この問題を徹底的に考え抜いた末に彼が到達した結論は、それは「企業者」による「新結合」（のちに「イノベーション」と呼ばれるようになりますが、具体的な内容は、すぐあとで触れます）の遂行であるというものでした。

ただし、シュンペーターは、「企業者」を厳密に定義しているので、注意が必要です。「静態」の世界にも企業を経営している人たちは存在しますが、彼らは経済循環の軌道に沿って慣行的に企業を経営していると意味で「単なる業主」と呼ばれます。それに対して、「企業者」とは、「新結合」を遂行しているときにのみそう呼ばれる存在で、「静態」の世界から「動態」の世界へと移ろうとするまさにその瞬間に颯爽《さっそう》と登場します。それと同時に、「企業者」による「新結合」の遂行を資金面でサポートする「銀行家」も初めて現われます。というのは、「静態」の世界では、すべての経済数量が同じ規模で循環しているに過ぎないので、貯蓄や資本蓄積の余裕がなく、「新結合」をまかなうような資金などはどこにもないからです。「企業者」が「銀行家」の信用創造というサポートを得て「新結合」を遂行するという意味で、わが国が世界に誇る理論経済学者で、ロンドン・スクール・オブ・エコノミクス（ＬＳＥ）の教授をつとめた森嶋通夫《もりしまみちお》（1923-2004）は、「企業者」と「銀行家」を「資本主義の正副操縦士」と巧みに表現しました（『思想としての近代経済学』一九九四年)。

「新結合=イノベーション」とは何か?

では、「新結合」とは、具体的には何なのでしょうか。シュンペーターは、『経済発展の理論』のなかで、次の五つを挙げています。

1　新しい財貨の生産
2　新しい生産方法の導入
3　新しい販路の開拓
4　原料あるいは半製品の新しい供給源の獲得
5　新しい組織の実現(例えば、トラストの形成や独占の打破)

シュンペーターは、前にも触れたように、のちに「新結合」に代えて「イノベーション」という言葉を使うようになりますが、この内容をみると、「イノベーション」をあまり狭く解釈してはならないことがわかるでしょう。というのは、わが国の一部に、「イノベーション」の訳語として「技術革新」という言葉をあてる人たちがいるからです。「技術革新」では、五つのうちせいぜい二つ(1と2)くらいしか網羅できないことに注意して下さい。

資本主義にダイナミズムをもたせ、経済発展をもたらす根本的な要因は、「企業者」によるイノベーションの遂行である――シュンペーターは、若き日に直観的につかんだこのようなアイデアを生涯を通じて保持しましたが、『経済発展の理論』を読むと、彼がイノベーションの「非連続性」を言葉を換えて何度も強調していることがわかります。一番わかりやすい例として、英語版（一九三四年）の脚注にある文章を読んでみましょう。

「経済生活は変化するものであり、一部分は与件の変動のために変化し、経済はこれに対して適応する傾向がある。しかし、経済の変化はこれだけが唯一のものではない。このほかに、与件に対する経済体系外からの影響によっては説明されないで、経済体系内から生ずる変化がある。この種の変化は多くの重要な経済現象の原因であって、それについて一つの理論を樹立するに値すると思われ、そしてそのためには、この現象を他の変化の要因から孤立させるべきであろう。著者自身が使い慣れている別のいっそう正確な定義を付け加えておきたい。すなわち、われわれが取り扱おうとしている変化は経済体系の内部から生ずるものであり、それはその体系の均衡点を動かすものであって、しかも新しい均衡点は古い均衡点からの微分的な歩みによっては到達しえないようなものである。郵便馬車をいくら連続的に加えても、それによってけっして鉄道をうることはできないであろう。」（塩野谷祐一・中山伊知郎・東畑精一訳、傍点は

原著者による）

イノベーションの「非連続性」の強調は、それだけ「静態」の世界から「動態」の世界に移るためには一つの大きな「飛躍」が必要であることを示唆するものですが、シュンペーターの心の内には、ケインズの師匠で英米の学界に「法王」のごとく君臨していたマーシャルに対する対抗心があったに違いないと思います。なぜなら、マーシャルの主著『経済学原理』のモットーは「自然は飛躍せず」という言葉であり、マーシャルが経済発展は連続的な過程であることを強調していたからです。シュンペーターは、すでに最初の著書『理論経済学の本質と主要内容』（一九〇八年）のなかで、次のように宣言していました。

「「自然は飛躍せず」――この命題を題辞《モットー》としてマーシャルはその著書の冒頭に掲げたが、実際、それはこの著書の特色を適切に表現している。しかし私は彼に反対して、人間の文化の発展、とりわけ知識の発展は、まさに飛躍的に生ずることを主張したい。力強い跳躍と停滞の時期、溢《あふ》れるばかりの希望と苦い幻滅とが交替し、たとえ新しいものが古いものに基礎を置いていようとも、発展は決して連続的ではない。われわれの科学は如実にこれを示しているのである。」（大野忠男・木村健康・安井琢磨訳）

ここで、シュンペーターが青年時代を過ごした十九世紀末ウィーンの雰囲気を思い出してみましょう。そこでは、フロイト、クリムト、マーラーなど、学問や芸術の分野で次々と革新的な動きが一気に噴出していました。そのような「空気」を吸って育ったシュンペーターが、世の中の真に革新的な仕事は、まさに「非連続的」に生じるのだという思想に導かれていったのは自然なことではないでしょうか。経済の分野におけるイノベーションの「非連続性」を強調するようになったゆえんです。

旺盛な知識欲――ベルクソンからの影響

私は以前から、シュンペーターが十九世紀末から二十世紀初頭に多感な青年時代を過ごし、驚くほど幅広い読書を積み重ねることを通じてあらゆる思想を自家薬籠中《じかやくろうちゅう》のものにしたことに注目してきましたが、彼が執筆した経済学の本のなかには、それについての直接的な言及はありません。しかし、死後に公刊された大著『経済分析の歴史』（一九五四年）を読んでみれば、彼が哲学・社会学・心理学など経済学の隣接領域における重要文献のほとんどに目を通している事実に圧倒されるはずです。そのような旺盛な知識欲によって吸収した多様な思想が、意識しているかどうかにかかわりなく、彼が構想する経済学に何も影響を与えなかったと考えるほうが不自然ではないかと思います。

例えば、十九世紀後半から二十世紀前半にかけてフランスで活躍したアンリ・ベルクソン

(Henri-Louis Bergson, 1859-1941) という偉大な哲学者がおりました。ベルクソンの『思想と動くもの』(一九三四年) に収められた論文「哲学入門」(一九〇三年) には、次のようなことが書かれています(河野与一訳)。――物を知る見方には、「その物のまわりを回ること」と、「その物のなかに入ること」という二つの方法がある。第一の認識は、「人の立つ視点と表現〔表象〕の際に使う記号〔象徴〕に依存」しており、ふつう「分析」と呼ばれる。だが、「分析」によっては「相対」的なものしかつかめない。第二の認識は、「視点には関わりなく記号にも依らない」もので、これがいわゆる「直観」である。「直観」は、可能なら「絶対」的なものに到達することができると。

「哲学的直観」で知られるベルクソンの言葉をもう少し聞いてみましょう。

「私がここで直観と呼ぶのは、対象の内部に身を移すための同感のことで、それによってわれわれはその物の独特な、したがって表現のできないところと一致するのである。ところが、分析というはたらきは、対象を既知の、すなわちその対象とはほかの物とに共通な要素に帰するものである。つまり分析とは一つの物をその物でないものと照らし合わせて〔函数《かんすう》関係において〕表現することになる。してみると、分析は翻訳、記号による説明、次々にとった視点からする表現〔表象〕であって、それらの視点から今研究している新しい対象とすでに知っているつもりのほかの対象との接触を記述するのである。分析がそのまわりを回っているほか仕方がない対象を抱きしめようとして永遠に満たされない欲求をもちながら、いつまでも不十分な表現を十分にするために限りなく視点の数をふやし、いつまでも不完全な翻訳を完全にするためにさまざまな記号を使っていく。そこで分析は無限に続く。しかし直観は、もしも可能だとすれば、単純な行為である。」（河野与一訳）

若き日のシュンペーターは、当時「経済分析」として最高の水準にあったワルラスの一般均衡理論をきわめて高く評価しましたが、それでも、「経済分析」だけでは捉えきれない資本主義の「本質」とは何かという問題の所在に気づき、それを優れた「直観」によって「企業者」によるイノベーションの遂行であると捉えたとは言えないでしょうか。シュンペーターがベルクソンから受けた影響については、伊東光晴（1927-、京都大学名誉教授）が私との共著『シュンペーター——孤高の経済学者』（岩波新書、一九九三年）のなかでも触れていますが、以上は、できるだけベルクソンのテキストに沿って説明してみました。ベルクソンとの関係については、あとでもう一点触れることにしましょう。

独特な不況観

シュンペーターの経済学に戻りましょう。彼の『経済発展の理論』は、「静態」と「動態」という二元論的な構造をもっています。出発点としての「静態」は、前にも触れたように、すべての経済数量が同じ規模で循環している状態のことですが、この世界には、循環の軌道に「受動的」に適応している経済主体しか存在しません（逆にいえば、「企業者」と「銀行家」のように、イノベーションを通じて経済体系に「能動的」に働きかける経済主体がいないということです）。

このような「静態」の世界は、新しい可能性を発見した、ごく一握りの天賦の才に恵まれた人物が「企業者」となり、「銀行家」の資金的サポートを得てイノベーションを遂行した瞬間に破壊されます。舞台は、「動態」の世界に移るのです。いつの時代でも、最初にイノベーションに成功するのはごく少数の人々ですが、運良く先陣を切ることのできた「企業者」は、イノベーションの成功報酬として「企業者利潤」を獲得します。「企業者利潤」が「動態」の世界においてのみ発生するというのが、シュンペーター経済学の特徴の一つです（これを「動態利潤説」と呼んでいます）。ところが、一部の「企業者」の成功をみて、彼らのイノベーションを模倣しようとする人たちが大量に現われます。模倣者たちは、先陣を切った「企業者」が遭遇した困難や障害などをすでに知っているので、より容易にイノベーションを遂行することが可能であり、それゆえ、イノベーションが「群生」するようになります。そして、このようなイノベーションの「群生」が経済体系を「好況」へと導いていくのです。

しかし、「好況」が永遠に続くことは決してありません。「企業者」は、イノベーションを「銀行家」の信用創造によってまかなっているので、その債務を返済しなければなりません。「企業者」は獲得した「企業者利潤」のなかから「銀行家」に「利子」を支払いますが、「企業者利潤」

が「動態」の世界においてのみ生じる以上、「利子」もまた動態的現象ということになります（これを「動態利子説」と呼んでいます）。「企業者」が「銀行家」に債務を返済する過程は、「好況」が始まったときの信用拡張期とは対照的に、信用収縮期に当たっています。さらに、イノベーションの成果として、やがて新商品が市場に大量に出回るようになるので、需給関係から価格水準が低下していきます。これらは、経済体系がイノベーションによって創造された新事態に対して適応しつつあるときにみられるのですが、これが「不況」と呼ばれる現象なのです。「不況」は、経済体系の適応が完了し、新たな「静態」の世界に戻るまで続きますが、そのときの「静態」は、イノベーションがもたらした経済発展の成果を体現しているという意味で、最初の「静態」とは区別されます。

『経済発展の理論』では、「静態」に始まり、「好況」と「不況」を経て新たな「静態」に到達したところで、一つの景気循環（ビジネス・サイクル）が完了しますが、留意しなければならないのは、シュンペーター独自の不況観です。シュンペーターの経済学では、「不況」は、イノベーションによって創り出された新事態に対する経済体系の正常な「適応過程」として捉えられます。それゆえ、そのような「適応過程」を人為的に妨害するような政策は、問題の根本的な解決にはならないのです。

第三章で詳しく説明するつもりですが、これに対して、ケインズの経済学では、不況は「有効需要」（実際の購買力に裏づけられた需要のことで、国内に限れば、消費需要と投資需要の合計となります）

の不足によって生じるので、不況対策として消費や投資を増やすような政策（例えば、減税、低金利、公共投資など）が要請されます。今日では、実際の景気の動きをみるには、ケインズ経済学の考え方に従うほうが常識ですが、それだけに、シュンペーターの不況観の特徴が浮き上がるのではないでしょうか。シュンペーターは、生涯を通じて、このような不況観を保持したので、『経済発展の理論』のなかから関連する文章を丁寧に読んでみましょう。

「「好況」現象の唯一の原因である企業者の群生的出現は、均衡状態の連続的な、つねに目立たぬ攪乱ではなく、大きな断続的な攪乱、すなわち次元を異にする攪乱を意味する限りにおいて、連続的な、時間的に均等に分布した出現の国民経済に及ぼす影響とは質的に異なった影響をもつ。連続的出現によって連続的に惹き起こされた攪乱は連続的に吸収されうるのに対して、群生的出現の結果としては、特別の判然たる吸収の過程、新しいものの採用の過程、国民経済の新しいものへの適応の過程、整理過程、あるいは私が先にのべたように「静態化」の過程が起こらなければならない。この過程は周期的不況の本質であり、したがってわれわれの立場からすれば、それは、国民経済が好況の「攪乱」によって変革された与件に適応した新均衡状態に接近しようとする苦闘であると定義してよい。」（塩野谷祐一・中山伊知郎・東畑精一訳）

シュンペーターがケインズ経済学を拒否した理由は、もはやおわかりでしょう。

ベルクソンの「内的自我」と「外的自我」

さて、前に予告したように、ここでベルクソンに再び登場してもらいましょう。私は、学生の頃、フランス哲学に造詣《ぞうけい》の深かった澤瀉久敬《おもだかひさゆき》（1904-95、大阪大学文学部で初めてフランス哲学の講座を創設しました）の名著『アンリ・ベルクソン』（中公文庫、一九八七年）を読んだとき、ベルクソンの「内的自我」と「外的自我」の区別に興味を覚えました。

澤瀉氏によれば、「内的自我」が「絶対に他のひとと置き換え得ない唯一無二の主体的自我」なのに対して、「外的自我」は「他人と接触して社会生活をしている日常的自我」なのですが、私が目をとめたのは、澤瀉氏がさらに続けて、「内的自我は刻々に移り変わる時間の世界に生きるのに対して、外的自我は持続（即ち推移）のない同質的で不変な空間的世界に生きる。内的自我を「創造的で自由な自我」と呼ぶなら、外的自我は「惰性的で必然的な自我」である」と説明していたところです。勘のよい人ならすでにおわかりでしょうが、ベルクソンの「外的自我」と「内的自我」の区別は、シュンペーターの「静態」と「動態」の区別に驚くほど類似しています。これに気づいて、私はベルクソンのテキストをいろいろと検討してみたのですが、『意識に直接与えられているものについての試論』（一八八九年）のなかに、まさに同じ趣旨のことが説かれていることを発見しました。何度も哲学者の文章を読まされるのは苦痛かもしれませんが、きわめて重要な内容なので、頑張って読んでみましょう。

「そうなると、異なったふたつの自我が存在することになる。一方の自我（外的自我のこと）は、本来の自我（内的自我のこと）が外界に投影された影絵のようなもの、その空間的表象であり、こう言ってよければ、社会的表象である。本来の自我に到達するためには、反省的思索をさらに深めることによって、われわれの内的諸状態を、絶えず生成途上にある、生きた存在として捉えなければならない。また、数量的計測になじまないものとして、相互に浸透し、持続のうちにおいて継起するものとして、等質空間のうちに並置される外的事物とはまったく異なったものとして、捉えなければならない。しかし、われわれが自らをそのような状態で捉えることができる瞬間は稀であり、それがゆえに、われわれが自由である瞬間も稀である。ほとんどの場合、われわれはわれわれの外で生きていて、本来のわれわれの色あせた亡霊しか、純粋持続が等質空間に投影した幻影しか認知していない。われわれの実存は時間のなかではなく、空間のなかで営まれている。われわれは、われわれ自身のためではなく、むしろ外的世界のために生きている。われわれは思考するよりも、むしろ語っている。われわれは「行為されている」のであって、自らの意志で行為しているのではない。自由な行為とは、自己の認識を取り戻すことである。自由とは、純粋持続のうちにわが身を置きなおすことである。」（竹内信夫訳、カッコ内は引用者が補いました）

どうでしょうか。人間類型を「適応型」と「創造型」の二つに分けると、シュンペーターの

「静態」の世界には「適応型」の経済主体しか存在しませんが、「動態」の世界には「企業者」という「創造型」の経済主体が颯爽と登場し、イノベーションの遂行によって新しい未来を切り開いていきます。ただし、留意すべきは、シュンペーターが、『経済発展の理論』のなかで、「だれでも「新結合を遂行する」場合にのみ基本的に企業者であって、したがって彼が一度創造された企業を単に循環的に経営していくようになると、企業者としての性格を喪失するのである」とわざわざことわっていることです。このような考え方は、ベルクソンが「本来の自我」（内的自我）に到達し、「自己の認識を取り戻す」という意味で「自由な行為」をなすことができる瞬間は稀だというのと見事に共鳴しあっています。みなさんは、十九世紀末から二十世紀初頭にかけて経済学を志したシュンペーターが、経済学ばかりでなく、隣接領域の動向にも十分に目配りしながらみずからの経済思想を形成していったはずだという私の主張が少しは飲み込めたのではないでしょうか。

「企業者」の資質

シュンペーターは、彼がよく使った言葉では、「拘束なき資本主義」（政府が民間の経済活動に干渉することがほとんどなかった、「競争的資本主義」のこと）における「企業者」の役割に焦点を当てたのですが、彼は、イノベーションの遂行といった機能面ばかりでなく、自分が理想としたような「企業者」の資質や動機づけなどについてもかなり詳しく記しています。

まず、「企業者」の資質から見ていきましょう。シュンペーターは、『経済発展の理論』のなかで、次に三つを挙げています（塩野谷祐一・中山伊知郎・東畑精一訳）。

第一は、一言でいえば、「洞察」です。「洞察」とは、「事態がまだ確立されていない瞬間においてすら、その後明らかになるような仕方で事態を見通す能力であり、人々が行動の基準となる根本原則についてなんの成算ももちえない場合においてすら、またまさにそのような場合においてこそ、本質的なものを確実に把握し、非本質的なものをまったく除外するような仕方で事態を見通す能力である」と。

第二は、「慣行の軌道」を脱して、新しい可能性を切り開くためには、「意志の違った使い方」が必要ですが、シュンペーターは、「このような精神的自由は、日常的必要をこえる大きな力の余剰を前提としており、それは独特なものであり、その性質上稀なものである」と言っています。

第三は、「一般にあるいはとくに経済面で新しいことをおこなおうとする人々に対して向けられる社会環境の抵抗」を克服することです。「この抵抗を克服することは、つねに、生活の慣行軌道には存在しない特別の種類の課題であり、また特別な種類の行動を必要とする課題でもある」と。

この三つをみると、シュンペーターが「企業者」に求める資質をもっている人間がいかに少数であるかが容易に想像がつきますが、さらに彼が「企業者」の動機づけについて語っているところを読むと、彼が理想とする企業者像が「英雄」的な様相を呈しているのがわかると思います。

ニーチェの影響も

シュンペーターは、「企業者」を動機づける第一として、「私的帝国を、また必ずしも必然的ではないが、多くの場合に自己の王朝を建設しようとする夢想と意志」を挙げます。第二と第三は、「勝利者意志」と「創造の喜び」ですが、このような動機づけを読むと、森嶋通夫がいうように、シュンペーターの思想が「ニーチェ的な英雄主義」の世界に近づくというのも示唆に富んでいるように思えます。

ドイツの哲学者フリードリヒ・ニーチェ（Friedrich Wilhelm Nietzsche, 1844-1900）の思想も、十九世紀末から二十世紀初頭にかけて青年時代を過ごした人々に多くの影響を与えましたが、実際、シュンペーターが『理論経済学の本質と主要内容』の最後のところで「静態」から「動態」への展望を語っているところにも、ニーチェの名前こそ出てこないものの、「権力への意志」と「支配意志」という言葉が登場するのを発見することができます。私はニーチェの影響を過大評価するつもりはないのですが、シュンペーターがニーチェを読まなかったということはほとんどあり得ないので、『ツァラトゥストラ』第一部（一八八三年）のなかから、印象的な文章を引用してみましょう。

「意欲することは、自由をもたらすことにつながる。これが、意志と自由についての本当の教えだ。——そういう教えを、ツァラトゥストラは君たちに教えているのだ。

もう意欲もせず、もう価値評価もせず、もう創造もしない！　ああ、そういうひどい倦怠感《けんたいかん》とはずっと離れていたいものだ！

認識する場合でも、俺《おれ》が感じるのは、俺の意志の生殖・生成欲だけだ。もしも俺の認識が無邪気なら、それは、生殖への意志が認識のなかにあるからだ。

神や神々から俺を遠ざけたのは、この意志のせいだ。かりに神々なんていうものが――存在しているとしたら、何が創造できるのだろう！

だが俺は、たえず新たに人間のところへ駆り立てられる。創造しようとする熱烈な意志があるからだ。それは、ハンマーが石に駆り立てられるのに似ている。

おお、人間たちよ、石のなかには像が眠っている。俺の思い描く像のなかの像が！　ああ、その像が、なんとも硬く、なんとも醜い石のなかに眠っているとは！

その像を閉じこめている牢獄《ろうごく》めがけて、いま俺のハンマーが怒りの鉄拳《てっけん》を猛然とふるいはじめた。石からは破片がほこりを立てて飛び散っている。だが、それがどうした？

俺はその像を彫りあげるつもりだ。影が俺を訪ねてきたからだ。――あらゆる事物のなかでもっとも静かで、もっとも軽いものが、以前、俺を訪ねてきてくれたのだ！

美しい超人が影となって、訪ねてきてくれたのだ。ああ、兄弟よ！　もう、いいだろう――神々なんて！――」（丘沢静也訳）

繰り返しになりますが、青年時代に吸収した偉大な哲人たちの思想は、本人が意識していなくとも、どこかで思いがけず顔を出すことがあるものです。ましてや、若き日のシュンペーターは万巻の書を読み漁ったほどの旺盛な知識欲の持ち主だったので、ベルクソンやニーチェなどを彷《ほう》彿《ふつ》させるような言葉遣いをしていたとしても何の不思議もないのです。

ところで、見落としてはならないのは、シュンペーターが謳い上げた理想的な企業者像が、「拘束なき資本主義」の時代に活躍したような「個人」としてのそれであったことです（例えば、「T型フォード」の大量生産で有名なヘンリー・フォードのような）。しかし、世紀をまたいで、資本主義は次第に自由競争段階から独占や寡占が支配的な段階へと発展していきました。晩年のシュンペーターは、後者の「トラスト化された資本主義」におけるイノベーションの担い手が、「個人」としての天才的な「企業者」というよりは「組織」（大企業内部の専門家集団）へと移行することによって企業者機能が変貌《へんぼう》し、資本主義の将来にも暗い影を落とすことに関心をもつようになるのですが、この点についてはまたのちに触れようと思います。

参考文献
根井雅弘『シュンペーター』（講談社学術文庫、二〇〇六年）
『ボードレール全詩集Ⅱ』阿部良雄訳（ちくま文庫、一九九八年）

Ｌ・ワルラス『純粋経済学要論』久武雅夫訳（岩波書店、一九八三年）
Ｊ・Ａ・シュムペーター『経済発展の理論（上・下）』塩野谷祐一・中山伊知郎・東畑精一訳（岩波文庫、一九七七年）
森嶋通夫『思想としての近代経済学』（岩波新書、一九九四年）
Ｊ・Ａ・シュムペーター『理論経済学の本質と主要内容（上・下）』大野忠男・木村健康・安井琢磨訳（岩波文庫、一九八三-八四年）
アンリ・ベルクソン『思想と動くもの』河野与一訳（岩波文庫、一九九八年）
澤瀉久敬『アンリ・ベルクソン』（中公文庫、一九八七年）
アンリ・ベルクソン『意識に直接与えられているものについての試論（新訳ベルクソン全集1）』竹内信夫訳（理想社、二〇一〇年）
フリードリヒ・ニーチェ『ツァラトゥストラ（上・下）』丘沢静也訳（光文社古典新訳文庫、二〇一〇-一一年）

第二章　社会主義の壮大なる実験——ハイエクの異論

「マル経 vs. 近経」という図式の消滅

シュンペーターが「拘束なき資本主義」の時代の英雄的な企業者像を描いたのは一九一二年のことでしたが、世界史の流れをみると、五年後のロシア革命（十月革命）によって史上初めての社会主義国家が樹立されているので、社会主義は「思想」の段階から「実験」の段階へと移ったことになります。

みなさんは、「社会主義」という言葉を聞くと、自動的に「マルクス」の名前を思い浮かべるかもしれませんが、あらかじめ次の点に留意してほしいと思います。マルクスの『資本論』（彼の生前に刊行されたのは、第一巻のみです）は、資本主義崩壊の客観的な論理を提示し、世界中の社会主義運動に大きな影響を与えたことはまぎれもない事実ですが、マルクスは、いざ社会主義国家が樹立されたとき、どのような経済運営をすればよいのかについては、何も語っていなかったのです。むしろ、社会主義国家における「経済計画」について理論的な考察を提示したのは、社会主義の理想（例えば、資本家による労働者の「搾取」のなくなった平等な社会の実現など）に共鳴する「近代経済学者」のほうでした。

「近代経済学」とは、「非マルクス経済学」を意味する言葉ですが、まだマルクス経済学の勢力が強かった数十年前までは、「マルクス経済学 vs. 近代経済学」という図式が、学界でもジャーナリズムの世界でも頻繁《ひんぱん》に登場したものでした。しかし、「ベルリンの壁」の崩壊（一九八九年）のあと、世界中の社会主義国家がごく少数の例外を除いて雪崩《なだれ》を打って解体してしまったので、いまではほとんど「死語」といってもよいくらいです。というのは、マルクス経済学と銘打った科目が経済学のカリキュラムのなかにほとんど見当たらなくなったので、わざわざ「近代」と形容して表現しなくとも、「経済学」といえば、現在では、第二次世界大戦後アメリカを中心に発展してきた現代経済学以外のものはあり得ないからです。

社会主義下での経済計画は可能か？

さて、十月革命によって社会主義国家が樹立されると、生涯を通じて「反社会主義」の立場を貫いたオーストリア出身の経済学者ルートヴィヒ・フォン・ミーゼス（Ludwig Heinrich Edler von Mises, 1881-1973）が最初の問題提起をおこないました。すなわち、社会主義では生産手段の私有が許されないので、生産手段の価格もなく、合理的な経済計算は不可能だと（「社会主義社会における経済計算」一九二〇年)。ミーゼスの問題提起によって始まった論争を「社会主義計算論争」と呼んでいます。

消費者も企業も「市場価格」を目安にして行動するという意味で価格のバロメーター機能に頼っているわけですが、価格メカニズムが働かない以上、合理的な経済計算は不可能であるというミーゼスの主張は、今日では、経済学の基本中の基本を踏まえたもののように思えるでしょう。現代経済学の初歩的な教科書のなかにも、旧ソ連や東欧の社会主義経済は価格メカニズムを活用しなかったがゆえに破綻《はたん》したという趣旨の文章を容易に見つけることができます。

ところが、ポーランド出身の経済学者オスカー・ランゲ(Oskar Lange, 1904-65)は、そのように考えませんでした。彼は社会主義者でしたが、社会主義の下での経済計算の可能性を論証しようとするとき依拠したのは、現代経済学の根幹を構成しているワルラスの一般均衡理論でした(ワルラス自身も、実は、独自の意味での社会主義者でしたが、ここでは、それを指摘するにとどめます)。

第一章で触れたように、ワルラスの一般均衡理論は、「完全競争」を仮定したときの価格決定理論でしたが、彼は、方程式の数と未知数の数が等しければ一般均衡解が得られるという「数理的解法」のほかに、数理的解法によって得られた均衡価格が市場においても実際に達成される過程(いわゆる「模索過程」)についても、パリの証券取引所をモデルにある構想を練っていました。

——すなわち、まず、「競売人」がある価格を叫ぶ。その価格で需要と供給が一致しないときは、「競売人」が価格を修正する。例えば、需要が供給よりも多ければ価格を引き上げ、供給が需要よりも多ければ価格を引き下げるというように。「競売人」は、需要と供給が等しくなるまでこれを繰り返し、ついに両者が一致したとき初めて現実の取引がおこなわれると。

ランゲは、ワルラスの「競売人」を「中央計画当局」に置き換えてみます。そして、たとえ社会主義になって生産手段の市場価格がなくなったとしても、「中央計画当局」が特定のルールの下で「計算価格」の設定と運営をおこなうならば、一般化された意味での「価格」（専門的な言い方をすると、狭義の「市場価格」だけではなく、より広義の「財の代替比率」という意味）の機能を十分に活かすことができるというのです（「社会主義の経済理論について」一九三六 - 三七年）。繰り返しになりますが、ランゲのような社会主義者が、マルクス経済学ではなく、ワルラスの一般均衡理論を社会主義経済計画に応用しようとした事実を心にとめておいて下さい（ランゲと同じようなことを考えたイタリアの経済学者エンリコ・バローネを先駆者として挙げることもできますが、ここでは、本筋には関係ありません）。しかも、彼の構想は、シュンペーターを初めとする有力な経済学者たちにきわめて大きな影響を与えたのです。

もちろん、ランゲの構想に対する疑問もただちに呈せられました。例えば、当時ＬＳＥ（ロンドン・スクール・オブ・エコノミックス）の若き教授であったライオネル・ロビンズ（Lionel Charles Robbins, 1898-1984）は、理論的にはそのようなことも可能かもしれないが、実際には、そのために膨大な数の方程式を立てて解かなければならないので不可能であるという趣旨の批判を展開したのです（『大不況』一九三四年）。しかし、ランゲは決して自分の主張を曲げず、死後に発表された論文「コンピューターと市場」（一九六七年）のなかでも、そのような心配は、コンピューターの発展によってたちまち解消してしまうに違いないと揺るぎない自信をのぞかせていました。

ハイエクの知識論

その頃のLSEには、フリードリヒ・フォン・ハイエク（Friedrich August von Hayek, 1899-1992）も教授として招聘《しょうへい》されていましたが、世間の理解では、ハイエクもロビンズと同じような立場をとっていたと見なされていました。ところが、ハイエクは、のちに、社会主義計算論争を振り返って次のように述べているのです（「社会主義計算論争とはなんだったのか」一九八二年）。

「私は、しばしばいわれるように、ランゲが社会主義における経済計算の問題にたいして理論的解決を与えたということを認めたことは決してなく、また、それを受けて、実際的な困難の問題を指摘することに後退したわけでもないということをはっきりとさせるべきであったと感じている。私が実際に述べたのは、ただ、中央計画当局が必要な情報をすべて手に入れることができるという事実として誤った仮定をおくなら、論理的な帰結として、社会主義における経済計算の問題が解決できることになってしまうということだ。このことをもって、現実の問題が理論的に解決できることを私が認めたと決めつけるのは、けしからぬことである。いうまでもなく、だれも他人に自分の知識のすべてを受けわたすことはできないし、まして、市場価格

を通じてだけ価値があるということが分かって探しだし、発見できるような情報であればなおさらそうである。」（尾近裕幸訳）

どういうことでしょうか。実は、これは単なる「言い訳」ではなく、ハイエクが長年温めてきた独自の知識論と深くかかわっているのです。例えば、ハイエクは、「社会における知識の利用」（一九四五年）と題する興味深い論文を書いています。これ読むと、「知識」というとき、「科学的知識」ばかりを偏重するのが最近の傾向だけれども、私たちの意思決定のためにもっと重要なのは、「組織されえない厖大《ぼうだい》な知識、すなわち時と場所のそれぞれ特殊的な情況についての知識」なのだと強調しています。そして、その種の知識が、分散した形でしか存在せず、「中央計画当局」が収集する「統計」のなかには入りにくいことこそが、問題の本質なのだと。ハイエクは、例えば、「フルには使用されていない機械のあることを知ってその使用方法を考えるとか、やりかたを変えればもっと有効に利用できそうな誰かの技術を活用するとか、供給が中断された期間中に頼ることのできる余剰ストックを心得ているとかは、ヨリよい代替的技術の知識にすこしも劣らず社会的に有用である」と言っています（田中真晴・田中秀夫編訳）。

ハイエクは、「価格システム」を、このような意味での「知識」（ときに「情報」という言葉も使っています）の伝達メカニズムとして捉え直すことによって、ランゲを初めとする「数理経済学者」の思考法の盲点を突いていきます。というのは、彼らが経済問題を考察するとき、「選好尺度」、

「代替物が提供される条件」(一般化された意味での「価格」のこと)、「利用可能な資源」に関する知識は「与えられている」と仮定しがちだからです。

「しかし、ほんとんどすべての人びとの側にほぼ完全な知識が存在すると仮定し、問題にアプローチするわれわれの理論的習癖が、価格メカニズムの真の機能に対してわれわれを多少とも盲目にし、価格のメカニズムの有効性を判断するのに、むしろミス・リーディングな規準を適用するようにわれわれを導いたのではないかと私は思う。驚くべきことは、ある原料の欠乏のようなケースにおいては、何ひとつ命令が発せられることなく、おそらくほんの一握りの人しかその原因を知っていないのに、何の何兵衛であるかは何ヶ月調査しても確かめようのない幾十万の人びとが、その原料もしくはその原料の製品を、いままでよりも節約して使用するようにさせられることである。すなわち、かれらは正しい方向に動くのである。つねに変化しつづける世界において、たとい、すべての人がかれらの利潤率をつねに均等な、あるいは「正常な」水準に維持するほど完全には調和しないであろうにしても、これだけで十分に不思議である。」(「社会における知識の利用」田中真晴・田中秀夫編訳)

ハイエクは、後年に至るまで、このような知識論を保持し続けたので、社会主義計算論争がまさに展開されつつあったときに、みずからの考えがロビンズと同様であると誤解されたことを後悔したのでしょう。それゆえ、前に触れた論文「社会主義計算論争とはなんだったのか」のなかでは、結論として、断定に近い形でみずからの立場を再提示しています。

「個々の工場の支配人が知っているか発見できるさまざまな生産原料や生産手段の量と質にかんする完全な知識を、中央計画当局がもつことができるという考えそのものが、社会主義に関する提案のすべてを滑稽《こっけい》な作り事にしているのだ。このことをいったん認識するならば、価格と呼ぶべきものは、競争的市場を通じて以外には絶対に決定できないということは明らかであろう。中央計画当局は、ある種の財の一連の価格を固定し、そしてその価格において当該財の在庫が増加するのか減少するのかが分かるまでその価格を維持することで、個々の工場の支配人に彼らが保有する特定の知識をつかわせることができるという提案は、茶番劇の中でももっとも愚かな行為である。」（尾近裕幸訳）

今日の時点で社会主義計算論争を振り返ると、みなさんは、ランゲの構想が学界でなぜあれほど大きな影響力をふるったのか、逆にいえば、なぜロビンズやハイエクのような疑問が等閑視されたのか、不思議に思うかもしれません。しかし、この問題を考えるには、世間で「知識人」と呼ばれている人たちがなぜかくも社会主義の魅力に惹かれたのかという、いまの若者には理解しにくい事情について多少なりとも語らなければならないでしょう。

マルクス経済学はなぜ知識人を虜《とりこ》にしたのか？

前に触れたように、数十年前まで、わが国の有力大学ではマルクス経済学が大きな勢力を誇っていました。なぜマルクス経済学がそれほど人気があったかを一言で説明するのは難しいのですが、私は、一つの要因として、戦前の京都帝国大学（いまの京都大学）で教鞭《きょうべん》をとった著名なマルクス経済学者の河上肇《かわかみはじめ》（1879-1946）の話をすることにしています。

河上の名前を有名にしたのは、まだ彼がマルクス経済学者として大成していく途上に執筆した『貧乏物語』（一九一七年）と題する啓蒙《けいもう》書でしたが、いまでは岩波文庫でも読める小さな本ではあっても、それは社会の耳目を貧困問題に向けさせることによって、知識人や若者たちに大きな影響を与えました。

もっとも、河上がマルクス経済学者として成熟している途上の著作であったがゆえに、せっかくマルクスの思想を簡潔に説明しておきながら（例えば、マルクスの名前を持ちだして、「経済組織がまず変わってしかるのちに人の思想精神が変わるので、まず人の思想精神が変わってしかるのちに経済組織が変わって来るというわけのものではない」と、その学説を解説しています）、結論は「富者の奢侈廃止」（「奢侈《しゃし》」とは「贅沢《ぜいたく》」のことです）の方向に導かれているのですが、それでも、『貧乏物語』の全体を彩る「人道主義」に根ざした社会改革への情熱だけは読者をとらえて放さないものがありました。

河上を慕って全国から経済学を志した若者が京大に集まったというのも、「モラリスト」としての河上の魅力に惹かれたからでしょう。「経済組織の改造」よりも「人心の改造」に力点を置くその頃の河上には、ジョン・ラスキン（John Ruskin, 1819-1900）というイギリスの思想家が影響を与えていたと言われていますが、この場合、それはどうでもよいことです。マルクス経済学者の大内兵衛《おおうちひょうえ》（1888-1980）は、『貧乏物語』の解題（日付は、一九四六年十一月）のなかで、「彼ら（今日初老を過ぎたインテリ）のうちで、いわゆる社会問題について多少の見識を有すると自負するほどの者ならば、必ずやこの書によって開眼せられたことを告白するであろう。ことほどさように、時代の思潮に与えた本書の衝撃は大きかったのである」（カッコ内は引用者が補いました）と書いていますが、それは決して誇張ではないと思います。

マルクス経済学は戦時中は当局によって徹底的に弾圧されていましたが、戦後、それが一気に勢力を盛り返していく背景には、河上のような先例があったからではないでしょうか。もっとも、のちに、社会主義の理想と現実の食い違いが次第に明らかとなっていくにつれて、「期待」は「幻滅」に変わっていくのですが、戦後日本でマルクス主義の影響が長きにわたって続いた事実は疑いようがありません。

実は、ハイエクも、一般に「知識人」と呼ばれる人たちがなぜ社会主義に惹かれたのかという問題に関心をもった一人でした。ここで、「知識人」とは、「思想を広める仲介人の役」をつとめるけれども、「特段なにかについて専門的な知識をもっている必要もなければ、知的である必要もない」人たちのことを指していますが、ハイエクは、「知識人を知識人たらしめているのは、広い範囲の話題についていつでも話したり書いたりできること、そして、自分が話しかける対象となる人びとよりも早く、新しい考え方に触れることができる地位や習性を有していることなのである」(「知識人と社会主義」一九四九年、尾近裕幸訳)と注意を促しています。

ハイエクは、社会主義に惹かれる「知識人」が誠実で善意にあふれた人たちであることを決して否定はしていません。それどころか、「全体的に見て、今日の典型的な知識人は、善良な意図と知性をもちあわせていればいるほど社会主義者となる傾向があり、純粋に知的議論では、同じ知識人階級の反対派より巧みな議論を展開できることを認識すべきである」(尾近裕幸訳)とさえ言っています。それにもかかわらず、ハイエクによれば、「知識人」を虜にした社会主義は、「文明にとって脅威となる思想」を広めているというのです。とくに、「物質的平等の理念」は、社会主義者に強く訴えかける理想なのですが、政府の再分配政策によって「物質的平等」を実現できるという思想は、「知識人が理論的に構築したもの」であり、「自生的に育ってきた道徳的信条ではない」と。

「真の個人主義」と「偽の個人主義」

このような主張を理解するには、もう少し解説が必要でしょう。そもそも、ハイエクは「個人主義」(ほとんど「自由主義」と同じ意味で使われていますが)の系譜を「真」と「偽」に二分しているのですが、「真」の個人主義が「人間の諸事象にみられる大部分の秩序を諸個人の行為の意図せざる結果として説明する」十八世紀イギリスの思想家たち（アダム・スミスやデイヴィッド・ヒュームなど）の流れをくんでいるのに対して、「偽」の個人主義は、「発見できるすべての秩序が計画的な設計による」と考えるヨーロッパ大陸のデカルト派の亜流だというのです（「真の個人主義と偽の個人主義」一九四五年、田中真晴・田中秀夫編訳）。そして、人間理性の限界を正しく認識していた前者によってのみ自由な社会は守られるのであり、人間理性を過信した後者は、結局、個人主義とは正反対の社会主義や全体主義をもたらし、自由な社会を破壊すると。

政府の再分配政策によって「物質的平等」を実現できるという思想は、この区分に従えば、「偽の個人主義」の系譜に連なるものですが、ハイエクは、社会の秩序を計画的に「設計」できるという思想は、自然科学の分野での成果を無批判的に社会に対して適用するという誤謬《ごびゅう》によってさらに強められたと考えます。「とりわけ、過去百年のあいだに人類が自然の力を組織化する方法を学んだということが、社会のさまざまな諸力を［自然の力と］同様に管理すれば、生活を同じように改善できるという信念を生み出すのに大きな役割を果たしたことに疑いの余地はない。多くの技術的課題と同様に、工学的技術を適用することによって人間の活動を一つの体系的な計画に沿って組織化することは、社会にかんしても成功するはずだ、という結論はあまりにももっともらしいので、自然科学の分野での成果を誇りに感じている人びとは、そうした結論の虜になってしまう」と（「知識人と社会主義」尾近裕幸訳）。

ところが、人間の行為の意図せざる結果として社会の秩序が生み出される（このような秩序を、ハイエクは「自生的秩序」と呼んでいます）と考える「真の個人主義」の系譜に連なる人々は、例えば、すでにある「制度」「習慣」「伝統」などが長い進化の過程で自生的に形成されたものである以上、それらを計画的な「設計」によって容易につくりかえられるというふうではなく、むしろそれらを尊重するような謙虚な態度をもっているのだというのです。ハイエクが、社会主義者が目の敵にしてきた「私有財産制度」を擁護するのも、そのような自生的秩序論に基づいています。

社会主義こそが「反動的」だ？

このような考えは、マルクス経済学が隆盛を極めていた頃は、「反動的」というレッテルを貼られたものでした。ハイエクも彼らの反応を十分に意識していたでしょう。それゆえ、逆にあえて彼らを挑発するかのように、「社会主義はなぜ反動的なのか」（一九七八年）と題する論文を発表しています（尾近裕幸訳）。

ハイエクは、次のような見解を提示しています。——私たちの「生得的本能」や「感情」は、百万年という単位の長い時間をかけて、三〜四十人程度の小集団のなかで集団生活をしながら形成されてきたのに対して、「生得的本能」や「感情」を制限し、「新しい行動形態を身につけさせるルール」を学ぶことによって「文明」を発展させたのは、人類の歴史からみれば最近のことに過ぎない。「ルール」のなかでも、「信義誠実の抽象的なルール、つまり、私有財産を確立し私法として成文化されたルール」がとくに重要だが、このような「抽象的なルール」を二、三千年という時間をかけて交換経済に参加することを通じて学習し、「生得的な本能」を抑制したからこそ「文明化」への道が開かれたのだと。

しかし、とハイエクは続けます。「これらのルールが果たしている役割を、理解している者はいなかった。つまりだれも実際には、それらのルールがもたらす結果を理解していなかったのだ。実際、道徳的な預言者たちはみな、これらの新しいルールに抗った。しかし、それらのルールが最終的に勝利を収め、そして、それらの新しいルールによって専門化と形式的な行為ルールに従うことを基礎とする大規模で、最終的には世界的な規模になった社会が形成された。これらの形式的なルールに従うかぎり人びとは、自らの知識にもとづいて自らの目的を追求することができたのである」と（尾近裕幸訳）。

ところが、前に触れたように、デカルト派の合理主義が人々に「理解できないものを受けいれるべきではない」と教えるようになってから、「形式的な行為ルール」よりは「既知の共通の目的に役立っていると認めることができないいかなる行為ルールにも従うべきではない」とか、「われわれの生得的な本能に合致するように意識的に設計された一連のよりよいルールで置きかえなければならない」とか、かつての小さな社会の「生得的本能」に訴えかけるような「新しい教義」が台頭してきたというのです。ハイエクは、次のように言っています。

「人は自らの個人的な目的のために働くべきではなく、良く知る仲間たちとともに既知の共通の目的を追求する場合にのみ、最高の高揚感を経験することができる。人は、ただ一人で自分の個人的な目的を追求するよりも、つまり、隣人の行為を考慮することなく自らの利益だけを追求するよりも、直接見知った人びとの欲求を満たすためや、良く知る仲間たちと一緒に共通の目的を実現するために働いていると確信できる方がよほど愉しく感じる。こうした感情にはだれもが気づいている。」（尾近裕幸訳）

先ほど、ハイエクがデカルト派を「偽の個人主義」として捉えていることに触れましたが、それを敷衍するならば、彼らが「形式的な行為ルール」よりも小さな社会の「共通の目的」に貢献するような「道徳的なルール」を重視したがゆえに、「個人主義」として出発しながらもその正反対である社会主義や全体主義への道を用意したのだというわけです。ハイエクは、その意味で、社会主義こそが大きな社会が形成される以前の「生得的本能」に訴えかける「反動的な」思想だと主張したのでした。

ハイエクの徹底した自由主義

二十一世紀に生まれたみなさんは、もしかしたら、「知識人」を虜にした社会主義や「物質的平等」の理想などが「思想」として大きな力をもった時代のことがかえって想像しにくいかもしれません。しかし、社会主義の「幻想」を人々に理解してもらうためには、ハイエクは生涯を通じて同じことを繰り返し形を変え品を変え主張し続けなければなりませんでした。もっとも、今日でも、ハイエクの社会哲学が全面的に受け容れられているという状況からいくらか遠いことも事実ですが、みなさんがどこまでハイエクについていけるか、内心興味を抱きながら話を続けてみましょう。

第二世界大戦中に公刊されたハイエクの著書に『隷属への道』（一九四四年）がありますが、この本は、後年の大作（例えば、『自由の条件』一九六〇年）と比較すると体系性には欠けるものの、ハイエクの社会哲学への入門書としても読める一冊です。あのような人目につくタイトルになったのは、一言でいえば、政府による民間の経済活動への干渉が必然的に全体主義をもたらすというテーゼを象徴的に表わすためでしょう。

例えば、「所得保障」を取り扱った部分には、次のようなことが書かれています。——個人の働きに対する報酬は、必ずしもその人の「努力」や「意欲」と釣り合うとは限らない。場合によっては、その人が「熱心な努力と卓越した技術」をもっていたにもかかわらず、予期し得ない事情で所得が大幅に減ってしまうこともないわけではない。そのような「被害者」に世間の同情が集まるのも不思議ではないが、もし政府がその人に以前と同じ所得を保障するために積極的な行動をとったとしたら、それは自由な社会にとって脅威となると。ハイエクは、次のように言っています。

「しかし、かりにも個人の職業選択の自由が保障されるべきであるならば、一定所得の確保を全員に保障することはできない。また、ある人々に所得の保障をすれば、それは他の人々の犠牲によってのみ可能な特権となり、したがって他の人々の保障は必然的に減少することになる。逆に言えば、一定不変の所得を全員に保障できる唯一の方法は、職業選択の自由を完全に廃止することのみであるということは、容易に理解しうることである。もっとも、正当な所得を全員に保障することは、目標とすべき理想と見なされているものの、真剣に試みられることはないものである。今なされているのは、そういった保障を断片的にこのグループへ、あのグループへと与えることでしかなく、その結果、蚊帳《かや》の外の人々はますます不安定な状態へ置かれていくようになるのである。だからこそ、特権としての保障はますます垂涎《すいぜん》の的となっていき、人々は争ってこれを求めるようになるのであり、ついにそれを獲得するためにどんな代償も——自由という代償でさえも——惜しまない、というほどになったとしても、なんら不思議なことではない。」（西山千明訳）

「計画化」は全体主義につながる……

また、ハイエクは、「計画化」について次のような疑問を呈します。——政府が、「完全平等」とはいかないまでも、所得分配上の「極端な不平等」を是正し、「主要な階級間の報酬の相対的関係が公正なものであるか」を監視する程度の「計画化」を始めようとしても、すべての経済現象は緊密な相互依存の関係にあるために、「計画化」を当初の予定の範囲内にとどめるのは不可能である。というのは、「いったん市場の自由な動きがある程度以上に妨げられてしまうと、計画当事者の統制は完全に包括的なものへと拡大されざるをえない」からだと。それにもまして、そもそも、「競争社会」において「非人為的な成り行き」で何らかの不幸（不平等や失業など）に見舞われるのと、「計画社会」の「意図的な決定」の結果として苦難を強いられるのとでは、その意味が全く異なる。人々は前者は仕方がないものとして甘んじて受け容れるかもしれないが、後者は「巨大な機械のような組織の一つの歯車」として縛りつけられることだから、それだけ不満もはるかに大きくなるはずだと。かくして、とハイエクは、結論づけます。

「ひとたび政府が正義のために計画化を始めると、政府はあらゆる人々の運命や地位への責任を引き受けざるをえなくなってしまう。計画社会では、人々はみな、自分が他人よりよい生活をするか悪い生活をするか、わかることになる。なぜなら、それ左右するのは、誰も統御できず、確実に予見もできない環境的諸条件ではなく、ある当局の意志だからである。そして、よりよい地位を求めようとする努力はすべて、統御しえぬ環境的諸条件をできるだけ予測したりそれに備えたりすることではなく、全権力を握る当局に、自分の都合のよい決定をするよう影響を与えることへと向けられるようになる。このような状況こそ、十九世紀英国の政治思想家たちが思い描いた悪夢、すなわち「富や名誉への道は政府を通じる以外にない」国家という悪夢が、彼らが思ってもみなかったほど完全に実現されることに他ならない。——もっとも、このような状況はすでに全体主義へと移行してしまった国々では身近になっているのだが。」（西山千明訳）

このように、ハイエクは、生涯を通じて、アダム・スミス（Adam Smith, 1723-90）やデイヴィッド・ヒューム（David Hume, 1711-76）の時代の古典的な自由主義の再生を、逆にいえば、「計画化」は「隷属への道」であると主張し続けました。

道徳的問題と物質的問題

ハイエクによれば、古典的な自由主義は、そもそも、「異なる個人の相対的地位を決定することになるゲームの手続き、あるいはゲームの規則が正しい（あるいは少なくとも不正でない）ことを要求するだけであって、異なる個人にとってこのゲームの過程の特定の結果が正しいものであることは要求しない」ものです（『自由主義』一九七三年、田中真晴・田中秀夫編訳）。なぜなら、「ゲームの過程の特定の結果が正しい」ことを保障するには、「すべての異なる個人が活動している環境の意識的操作」、前に使った言葉では、デカルト派のいう計画的な「設計」が必要だからです。

しかし、今日では、物質的不平等の程度が著しい場合、政府がある程度の「累進課税」（所得が高くなるほど税率が高くなる制度）によって貧しい人たちを優遇する所得の再分配をおこなうことが、資本主義国でもふつうに認められています。ところが、ハイエクは、「一般的に累進的な課税は法の下の平等と対立する」と反対するのです。

ここまで読んできて、みなさんがハイエクの社会哲学をどこまで承認することができるのか、私は想像するほかないのですが、有名なケインズは、ハイエクが「自由」の尊さを強調する姿勢には賛意を表明しながらも、「計画化」の是非については、ハイエクとは違った見解を提示しました。

第一部「経済学はこう考える」でも触れたように、ケインズの場合は、「計画化」とはいっても「総需要管理」というマクロ経済の分野での穏健な経済管理を意味することに注意しなければならないのですが、ハイエクの『隷属への道』を読んだ感想を著者に書き送った手紙（一九四四年六月二十八日付）のなかには、次のような趣旨の内容が書かれていました。――「自由」を尊重するかどうかは「道徳的」な問題であり、この点では、自分もハイエクと同様に「自由主義者」といってよい。しかし、大恐慌やその他の「物質的」な問題は、市場の自由な働きに委ねるだけでは解決することができず、政府による慎重な経済管理（ハイエクの言葉では、「計画化」）が必要である。ただし、経済管理を担う者は、ハイエクが尊んだ「自由」の価値を誰よりも理解しておかなければならない。さもないと、「計画化」が「隷属の道」へとつながるというハイエクの心配が現実のものとなるかもしれない。要は、「道徳的」な問題と「物質的」な問題を混同しないことであると。

ケインズの思想について語るべきことは多いのですが、それらは第三章までとっておくことにしましょう。

シュンペーターの「企業者機能」の変質

ところで、第一章の終わりで、「拘束なき資本主義」から「トラスト化された資本主義」へと移っていくにつれて、「企業者機能」が変貌《へんぼう》し、資本主義の将来にも暗い影を落とすことをシュンペーターが危惧《きぐ》していたことに触れましたが、この点をもう少し敷衍しておきましょう。

シュンペーターが『経済発展の理論』のなかで理想的に描いたのは、「個人」としてイノベーションの遂行に成功し、なかには「私的帝国」を創り上げるまでにのし上がった企業者像でした。しかし、資本主義の発展とともに、独占や寡占が支配的な経済体制が確立し、そこでは、イノベーションも「個人」というよりは大企業のなかの「一群の専門家」の仕事になっていきました。シュンペーターは、晩年の著書『資本主義・社会主義・民主主義』（一九四二年）のなかで、そのことを「革新そのものが日常的業務となっている」と表現しています（中山伊知郎・東畑精一訳）。

他方で、人々がイノベーションがもたらす経済環境の変化にすっかり慣れてしまい、「変化」に抵抗する雰囲気《ふんいき》が消滅したので、「人物」や「意志力」が重要な役割を演じることもなくなりました。

シュンペーターは、このような「企業者機能」の変貌（もっといえば、「無用化」）をみて、いまや「経済進歩は、非人格化され自動化される」傾向にあり、「官庁や委員会の仕事が個人の活動にとって代わらんとする傾向がある」とまで述べるようになります。このような変化を、シュンペーターは印象的な文章で表現しています。

「昔は――おおざっぱにいってナポレオン戦争までとその最中は――将軍たることは指導者たることを意味し、成功とは司令官の個人的成功を意味した。そして彼は社会的名声という形でそれに照応する「利得」を得た。戦闘の手法や軍隊の構造がかくのごときものであったから、指揮官の個人的果断と操兵力――きらびやかな馬にうちまたがって戦場にその雄姿を現わすといったことさえ――が戦略的・兵学的事態における本質的な要素をなしていた。ナポレオンここにあり、ということは戦場においてじかに感ぜられたし、また感じさせねばならぬことであった。しかしもはやそうではなくなった。合理化され専門化された事務所の仕事がついには個性を抹殺し、結果の計量可能性がついには「夢《ヴィジョン》」を抹殺《まっさつ》し去るであろう。指揮官にはもはや乱闘のなかにおどり込むような機会はめぐってこない。彼はまさにもう一人の事務員――しかも取り替えることの必ずしもむずかしくない一人――になりつつある。」（中山伊知郎・東畑精一訳）

シュンペーターは、「企業者機能」の無用化以外にもいくつかの要因を指摘しているのですが、イノベーションの遂行によって資本主義の経済発展を担ってきた「正操縦士」としての「企業者」の変質が、資本主義の将来に暗雲をもたらす最も重要な要因として第一に注目されたのは当然なことであったと思います。

資本主義は衰退するのか?

もっとも、みなさんは「ベルリンの壁」の崩壊のあとに生まれているので、実際に滅んだのは資本主義ではなく社会主義ではないかと反論したくなるかもしれません。しかし、留意しなければならないのは、シュンペーター独特の用語法です。彼にとって、「拘束なき資本主義」がまぎれもなく資本主義の典型であったことは繰り返す必要もないと思いますが、例えば、アメリカでは一九三〇年代の大恐慌時に採用された「ニューディール」によって政府が経済管理をおこなう分野が着実に増えてきたので、シュンペーターは、このままこの傾向が続けば、「資本主義」とはいってもほとんど「社会主義」と変わらない経済体制が成立するのではないかと考えるようになりました。彼の言うことを注意深く聞いてみましょう。

「資本、労働市場、価格政策、課税による所得分配、などの政府統制はすでに確立されており、広範な産業国有化をまたなくとも、規制された、あるいは拘束された資本主義を、ほぼ同様に正当に社会主義と呼んで差し支えない指導された資本主義に変形させるためには、政府のイニシアティヴにより生産の一般方針（住宅計画、対外投資）を指示することによって、組織的に補完されるだけで十分なのである。かくして、資本主義秩序が生き延びるか否かに関する予見は、ある程度用語の問題に他ならない。」（『資本主義』一九四六年、大野忠男訳）

「指導された資本主義」は、ほとんど「社会主義」と呼んで差し支えない経済体制と変わるところがない――このようなシュンペーターの「言葉遣い」を理解しておけば、彼の資本主義衰退論（一言でいえば、「資本主義の成功がその衰退をもたらす」という逆説的な命題）の理解も容易になるのではないでしょうか。第一部でも強調しましたが、偉大な経済学者の「言葉遣い」には意味があるので、それを捉え損なっては思想や学説の理解にも支障を来す危険性があるのです。そのことをもう一度繰り返しておきましょう。

参考文献

御崎加代子『ワルラスの経済思想』（名古屋大学出版会、一九九八年）
盛田常夫『体制転換の経済学』（新世社、一九九四年）
ルートヴィヒ・フォン・ミーゼス『ヒューマン・アクション（増補版）』村田稔雄訳（春秋社、二〇〇八年）

F・A・ハイエク『社会主義と戦争』尾近裕幸訳（春秋社、二〇一〇年）
F・A・ハイエク『市場・知識・自由』田中真晴・田中秀夫編訳（ミネルヴァ書房、一九八六年）
河上肇『貧乏物語』大内兵衛解題（岩波文庫、一九六五年改版）
F・A・ハイエク『隷属への道（新装版）』西山千明訳（春秋社、二〇〇八年）
The Collected Writings of John Maynard Keynes, vol. 14, edited by Donald Moggridge, 1973.
J・A・シュムペーター『資本主義・社会主義・民主主義（上・中・下）』中山伊知郎・東畑精一訳（東洋経済新報社、一九六二年）
J・A・シュムペーター『今日における社会主義の可能性』大野忠男訳（創文社、一九七七年）

第三章　資本主義の賢明なる管理を求めて――ケインズの思想と理論

ひときわ著名なケインズ

この章で取り上げるケインズの名前が歴史に残ったのは、『雇用・利子および貨幣の一般理論』（一九三六年）――以下では、『一般理論』と略称します――のなかで、当時世界を苦しめていた大恐慌に対する的確な診断と処方箋《しょほうせん》を提供し、資本主義の危機を救ったからですが、『一般理論』が学界に与えた衝撃があまりに大きかったので、のちには「ケインズ革命」と呼ばれるようになりました。もっとも、今日では、「反ケインズ」を標榜《ひょうぼう》する経済学もいろいろあるのですが、第一章の冒頭で紹介したように、私の「ポケット・ゼミ」に参加した京大の新入生たちが、ケインズの名前だけは全員が知っていたほど、二十世紀経済学の巨星たちのなかでも抜きん出て著名度が高いことは事実です。しかし、著名度の高さは、必ずしもその人の思想や理論が正確に理解されていることを意味しないので、みなさんは、以下でも、できるだけ先入観をもたずに読んで下さい。

「自由放任主義」の終焉《しゅうえん》

『一般理論』は、いわゆる「自由放任主義」という経済哲学に最終的に引導を渡し、資本主義の賢明なる管理への道を開いた古典的名著ですが、「自由放任主義」を経済問題の解決を「市場の自由な働きにすべてを委ねる」という意味に捉えると、アダム・スミスからケインズに至るまでの歴史に残る経済学者たちのなかで厳密に「自由放任主義者」と呼べるような人はほとんどいないことがわかります。ケインズは、師匠であったマーシャルが創設した「ケンブリッジ学派」(マーシャルのあと、A・C・ピグー、ケインズ、D・H・ロバートソンなどの優秀な経済学者たちを輩出しました)と呼ばれる強力な研究集団のなかで育てられましたが、彼らの誰一人として「自由放任主義者」であった者はおりません。この点は、第一部でも強調しておきました。

では、なぜケインズのみが「自由放任の終焉」を宣言したかのように誤解されているのかといえば、彼が著した同名のパンフレット『自由放任の終焉』(一九二六年)があまりにも有名になったからでしょう。このパンフレットのなかで、ケインズは、師匠のマーシャルや先輩のA・C・ピグー(Arthur Cecil Pigou, 1877-1959)ばかりでなく、アダム・スミスやデイヴィッド・リカード(David Ricardo, 1772-1823)などの「古典派」と呼ばれる経済学者たちが決して「自由放任主義」を説いていたわけではないことを正確に記述していますが、それにもかかわらず、「個人主義的自由放任こそが経済学者の教えるべきことであり、また、現に教えていることであるという一般的見解が支配的であったために、最良の経済学者の、慎重で教条的でない態度は、世の中に広まるには至らなかった」と付言しています（宮崎義一訳）。

『自由放任の終焉』から『一般理論』までには十年の時間的な間隔があいていますが、私が先に、『一般理論』が「自由放任主義」に最終的な引導を渡したという言い方をしたのには意味があります。ケインズ以前の経済学者たちも決して「自由放任主義者」ではありませんでした。しかし、『一般理論』の出現以前に、「市場の自由な働きにすべてを委ねる」ならば、労働者が働く意欲が十分にありながら「非自発的」に失業してしまうこと（経済体系が「非自発的」失業者を伴ったところで「均衡」してしまうこと。あまり好まない向きもありますが、「不完全雇用均衡」という言葉も使われます）を厳密に論証した経済学者はいなかったのです。その意味で、『自由放任の終焉』のなかに出てくる次のような言葉は、『一般理論』によってケインズが成し遂げた理論上の大変革を経てこそ、本当に重要なメッセージを発するものだと言えるでしょう。

「そのときどきに、自由放任の論拠とされてきた形而上学ないしは一般的原理は、これをことごとく一掃してしまおうではないか。個々人が、その経済活動において、長い間の慣習によって「自然的自由」を所有しているというのは本当ではない。**持てる**者に、あるいは**取得せる**者に永久の権利を授ける「契約」など一つもない。世界は、私的利害と社会的利害とがつねに一致するように天上から統治されているわけではない。啓蒙《けいもう》された利己心は、つねに社会全体の利益になるようにはたらくというのは、経済学原理からの正確な演繹《えんえき》ではない。また、利己心が一般に啓発された状態にあるというのも本当ではない。個々人は、各自別々に自分の目的を促進するために行動しているが、そのような個々人は、あまりにも無知であるか、あるいは、あまりにも無力であるために、たいてい自分自身の目的すら達成しえない状態にある。経験によれば、個々人が一つの社会にまとまっているときのほうが、つねに各自別々に行動するときよりも明敏さを欠くということは証明されていない。」（宮崎義一訳）

ケインズは「古典派」とどこが違うのか？

それでは、『一般理論』が、ケインズ以前の「古典派」経済学と決定的にどこが違うのでしょうか。「古典派」とは、ふつうは、アダム・スミスからリカードを経てJ・S・ミル（John Stuart Mill, 1808-73）の時代までの経済学を指しますが、ケインズは、自分の師匠マーシャルや先輩ピグーなど「新古典派」と呼ばれる人々も含めて、その言葉を使っています。これは、いくらか乱暴な分類なので、「文献学」中心の専門家からはよく思われていませんが、それでも、『一般理論』以前の経済学が「有効需要」に焦点を合わせていないという視点を強く打ち出すには効果的なものでした。

『一般理論』以前の「古典派」は、失業現象を基本的に労働市場の問題として解明しようとしました。――財市場で「価格」が需要と供給を調整するように、労働市場では「賃金率」が労働に対する需要と供給を調整するだろう。例えば、労働に対する超過需要（需要が供給よりも大きい）があれば「賃金率」が上がり、逆に、労働に対する超過供給（供給が需要よりも大きい）があれば「賃金率」が下がるというように。このような調整メカニズムは、労働市場で完全競争が支配的であれば、迅速に働くはずだと。

それでも、失業が生じてしまうとしたら、「古典派」の論理に従う限り、労働市場において需要と供給を調整させるメカニズムを阻害する何かがあるはずだということになるでしょう。それは、例えば、「賃金率」が需給状況に応じて上下に動く「伸縮性」を阻害する労働組合の存在です。もし労働組合が労働市場で需要と供給を一致させる「賃金率」よりもかなり高いそれに固執し続けるならば、労働に対する超過供給があるだけ失業が発生することになるでしょう。

しかし、ケインズは、このような理論は、労働者が現行の「賃金率」で働くことを拒否しているがゆえに生じる「自発的」失業を説明しているに過ぎないと考えました。例えば、大恐慌時のアメリカでは、四人に一人が失業していた年（一九三三年）がありましたが、二五％の失業率をすべて「自発的」失業として説明するような理論は、常識的に考えても、現実と調和していないと言えるのではないでしょうか。ケインズは、もちろん、そのように考えて、「古典派」に取って代わる理論の構築に向かっていったのですが、不思議なことに、「古典派」の経済学者たちは、一時的に失業が発生しても、「賃金率」の調整メカニズムが再び有効に働くようになれば、失業問題は解決されると考えたのでした（「文献学者」は、「古典派」に分類された経済学者すべてをこのように説明することに反対するでしょうが、留意すべきは、ケインズが問題にしているのは、「古典派」の失業問題に対する具体的な「政策提言」ではなく、その根底にある経済論理から引き出された「思考法」のことだということです）。

ケインズが「古典派」と決定的に違うのは、失業現象を労働市場の問題として取り扱うのではなく、舞台を財市場に移して社会全体の「有効需要」（実際の購買力に支えられた需要のこと）の問題として解明しようとしたことでした。ケインズ経済学の詳細を解説するのは本書の範囲を超えるので、他の本を推薦しておきますが（例えば、伊東光晴『ケインズ』〔岩波新書、一九六二年〕や、吉川洋『ケインズ』〔ちくま新書、一九九五年〕）、ここでは、この章での議論に関連のある話に限定しておきます。

有効需要と「非自発的失業」

『一般理論』は、マーシャルの意味での「短期」（人口・資本設備・技術が与えられていること）と、政府の経済活動や外国貿易のない「封鎖経済」を想定しています。一国の経済規模は、「国民所得」の大きさによって表わされますが、それは、供給面からみれば一定の期間に新たにつくられた財やサービスの合計（すなわち、「総供給」Y）として、需要面からみれば、社会全体の「有効需要」（すなわち、「総需要」、この場合は、消費需要Cと投資需要Iの合計）として捉えられます。そし

て、国民所得の均衡水準は、総供給と総需要が等しくなるところで決定されるというのです。しかし、

$$Y = C + I \qquad (1)$$

という式だけでは、Yがなぜある特定の水準に決定されるのかがわかりません。

そこで、ケインズは、CとIについて、次のような仮定をおきました。――まず、CはYの関数であり、Yの増加とともに増加していく。しかし、Cの増加は、Yの増加には及ばないと。これは、数学的には、次のように表現されます。

$$C = C(Y), 0 < \frac{\Delta C}{\Delta Y} < 1 \qquad (2)$$

ケインズは、$\frac{\Delta C}{\Delta Y}$を「限界消費性向」と呼んでいますが、これが1よりも小さい正の値をとるのが「近代社会の基本的心理法則」であると考えています。具体的に数値例をあげてみると、Yが一〇兆円増えたとき（ΔY＝一〇兆円）、Cの増加が八兆円（ΔC＝八兆円）であったならば、限界消費性向は0・8ということになります。

次に、Iについては、ひとまずYから独立に一定額が与えられていると仮定します。これを、

Iの上にバーをつけて$\bar{I}$と表現します。

$$I = \bar{I} \quad (3)$$

(2)式と(3)式を(1)式に代入すると、

$$Y = C(Y) + \bar{I} \quad (4)$$

となりますが、これは一つの未知数Yを含む一つの方程式なので、Yに関して解くことができます。その過程で何をしているのかといえば、繰り返すまでもなく、国民所得の均衡水準が左辺の総供給と右辺の総需要が等しくなるところで決定されるという思考法をなぞっているわけです。けれども、問題は、こうして決定された国民所得の均衡水準Y_eが、完全雇用に対応した国民所得Y_fと一致するとは限らないということです。とくに、一九三〇年代の大恐慌時のように、C＋Iで表わされた社会全体の「有効需要」が決定的に不足しているときには、Y_eがY_fよりもはるかに小さく、それゆえ、働く意思がありながら職に就くことができない「非自発的」失業者が街中に大量にあふれる可能性があるのです。ケインズは、このように「非自発的」失業が生じているときは、「市場の自由な働きにすべてを委ねる」だけでは決して問題は解決せず、政府が積極的に社会全体の「有効需要」を支えるような対策（例えば、Cを増やすような減税、Iを増やすような低金利、それでも足りないときは財政赤字を伴ってでも公共投資をおこなうなど）を講じなければならないと考えました。これらの対策を、今日ではふつう「ケインズ政策」と呼んでいます（ただし、ケインズは、総需要が総供給と比較して過大でインフレの危険が高いときは、逆に、「有効需要」を減らすような対策──増税、金利の引き上げ、公共投資の削減など──が必要だと考えていました。それにもかかわらず、「ケインズ政策」がもっぱら不況対策との関連で語られるのは、『一般理論』の登場が世界的な大恐慌時と重なっていたという事情があるからかもしれません）。

実は「修正された自由主義」の支持者

『一般理論』が社会全体の「有効需要」に焦点を合わせた経済学だという意味は、みなさんも理解できたと思いますが、留意すべきは、ケインズが社会全体の──すなわち、「マクロ」のレベルでの──「総需要管理」を通じて完全雇用を実現しようと意図したものの、個々の経済主体（消費者や企業）の意思決定に介入する必要は認めなかったことです。『一般理論』のなかに、「消費性向と投資誘因との間の調整を図るための中央統制の必要を別とすれば、経済生活を社会化すべき理由はこれまで以上には存在しないのである」（塩野谷祐一訳）という文章が出てきますが、これはそのことを裏書きしています。

ケインズは、第二章で述べたように、ハイエクが固執した古典的な自由主義（ほぼ同じ意味で

「個人主義」という言葉も使われていました）を奉じるのではなく、政府による慎重な「総需要管理」を導入して大恐慌のような病弊を取り除くことによってのみ、自由主義の「精髄」を保持することができると考えたという意味で、「修正された自由主義」の支持者でした。とても重要なポイントなので、直接ケインズの言葉を聞いてみましょう。

「しかし、個人主義は、もし欠陥と濫用を避けることができるなら、他のいかなる体制と比較しても個人的選択の働く分野を著しく拡大するという意味で、とりわけ個人的自由の最善の擁護者である。また、個人主義は生活の多様性の最善の擁護者でもある。生活の多様性は、まさにこの拡大された個人的選択の分野から生ずるものであって、多様性を失うことは画一的あるいは全体主義国家のあらゆる損失の中で最大のものである。なぜなら、この多様性こそ、過去幾世代もの人々の最も確実で最も成功したさまざまな選択を包容する伝統を維持するものであり、また現在を多様な空想力によって彩るものであり、さらに、伝統の侍女であり想像力の侍女であると同時に、実験の侍女でもあるために、将来を改善する最も強力な手段だからである。

したがって、消費性向と投資誘因とを相互に調整する仕事にともなう政府機能の拡張は、十九世紀の評論家や現代のアメリカの銀行家にとっては個人主義に対する恐るべき侵害のように見えるかもしれないが、私は逆に、それは現在の経済様式の全面的な崩壊を回避する唯一の実行可能な手段であると同時に、個人の創意を効果的に機能させる条件であるとして擁護した

い。」（塩野谷祐一訳）

私は前に、『自由放任の終焉』のメッセージは『一般理論』の公刊によって完全な形で伝えられたと述べましたが、もう少し敷衍《ふえん》すると、『一般理論』のなかで提示された「有効需要の原理」によって補強されなければ、『自由放任の終焉』のなかに出てくる次のような言葉も実現可能なものにはならないということなのです。

「私としては、資本主義は、賢明に管理されるかぎり、おそらく、今までに現われた、いかなる他の体制よりもいっそう有効に経済目的を達成するのに役だちうるものであるが、それ自体として見るかぎり、資本主義は多くの点できわめて好ましくないもののように思われる。われわれの問題は、満足のゆく生活様式というものに関するわれわれの考えに逆らうことなしに、できるかぎり効率の高い社会組織を苦心して創り出すこと、である。」（宮崎義一訳）

サムエルソンの「新古典派総合」

ケインズの「修正された自由主義」を受け継いだのは、第二次世界大戦のあと、現代アメリカの経済学界で重きをなしたポール・A・サムエルソン（Paul Anthony Samuelson, 1915-2009）が唱えた「新古典派総合」という思考法ではないでしょうか。サムエルソンは、専門的な仕事のほかに、一九四八年に第一版が出版された『経済学――入門的分析』の著者として、わが国の経済学教育に大きな影響を与えた一人ですが、「新古典派総合」は、少なくとも一九七〇年代前半までは、学界の主流派の地位を占めていました。その思考法とは、次のようなものです。――ケインズが正しく指摘したように、「自由放任主義」の下では、一九三〇年代の大恐慌時のように、大量の「非自発的」失業者が街中にあふれる可能性があるので、適切な「総需要管理」によって経済体系をできるだけ完全雇用の方向に誘導しなければならない。しかし、いったん完全雇用が実現されるならば、市場メカニズムが再び有効に働き始めるので、「古典派」（ケインズと同じく、「新古典派」を含む）の価格決定理論が復活すると。

「新古典派総合」の最盛期に出版された『経済学』第六版（一九六四年）のなかで、サムエルソンは、次のように述べています。

「財政金融政策を適当に補強することにより、われわれの混合企業制度はブームやスランプのゆき過ぎを避けることができ、また健全な前進的成長の展望をもつことができる。この基本的な点が理解されれば、小規模の「ミクロ経済学」を扱った古い古典派の原理からその関連性と妥当性の多くを奪ったパラドックスも、いまやその効力を失う。要するに、所得決定の近代分析をものにすれば、基礎的な古典派の価格付け原理の正しさも、ほんものとして認識されるのであって、経済学者はいまや、ミクロ経済学とマクロ経済学とのあいだの大きな溝は埋められ

た、と言うことができるのである。」（都留重人訳）

サムエルソンの「新古典派総合」は、「ケインズ」と「新古典派」の「総合」というよりは「折衷」だったために、のちに左右両派の経済哲学をもつ経済学者たちからの批判にさらされることになるのですが、それでも、このような思考法は、今日に至るまで、現実の経済運営に関心をもったり、それを担ったりしている人々に大きな影響を与えました。学界全体が著しく「新古典派」に傾いてしまった現在、私は、マクロ経済の安定とミクロ経済の効率性のあいだのバランスをつねに配慮していたサムエルソンの「新古典派総合」をもっと評価すべきだったと思っています。

もっとも、「折衷」というと「中途半端」なイメージがあって、とくに経済理論家には評判が悪いようです。「折衷」よりは「中庸」という言葉のほうがまだましかもしれませんが、いずれにしても、私が強調したかったのは、「新古典派総合」が「原理主義」的ではなかったということでした。この点は、ハイエクの『一般理論』批判をみると、もっと明瞭になります（『回想のケインズと「ケインズ革命」』一九六六年、田中真晴・田中秀夫編訳）。

「抽象的な正義」よりも「実質的な便宜」を

ハイエクは、『一般理論』が完全雇用ではない状況の想定から出発していることを取り上げて、これは「価格メカニズム」が麻痺《まひ》していると想定しているに等しいと批判しています。これに対して、「古典派」の完全雇用の想定は、たとえ部分的にしか当てはまらなかったにしても、少なくとも「価格メカニズム」の理解を深めるのに役立ったというのです。

サムエルソンが退けているのは、まさにこのような考え方でした。――生産設備が遊休し、大量の「非自発的」失業者が街中にあふれている状況では、ケインズ経済学の「総需要管理」を活用し、人々の苦しみを和らげるべきである。しかし、完全雇用が近づくにつれて、「古典派」の価格決定理論が妥当性を取り戻す条件が整うだろう。経済問題は、こうして、ケインズのマクロ経済学と「古典派」のミクロ経済学の二本立てで考察していくべきだと。ハイエクは、このような思考法の価値を否定しているのですが、むしろ、現実の経済問題に取り組むときには必ず要請されるバランス感覚に優れたものとして評価すべきではないかと思えるのです。

この関連で思い出すのは、若き日のケインズが、エドマンド・バーク（Edmund Burke, 1729-97）についてのエッセイを書いていたことです（「エドマンド・バークの政治学説」一九〇四年）。ケンブリッジ大学キングズ・カレッジの「ケインズ・ペーパーズ」に所蔵されていたこの論文は、ロバート・スキデルスキー（Robert Skidelsky, 1939-）を初めとするケインズ研究者たちの努力によって最近ようやく一般にも知られるようになりましたが、あらかじめ注意しておくと、ケインズは、フランス革命に反対し、最初の「保守主義者」と呼ばれるようになったバークの一側面に惹《ひ》かれていたのではありません。

実際にその論文を読んでみればわかりますが、ケインズがバークの思想のなかでとくに関心を寄せたのは、バークが「抽象的な正義」よりは「便宜」を優先していたということです。ケインズは、政治学を「実践倫理学」の一部門だと考えていましたが、スキデルスキーが的確に指摘したように、政治学の目標は「社会の満足」であり、具体的に、ケインズは、「身体的な平穏」「物質的な満足」「知的な自由」などの善を実現することを強調していました（R・スキデルスキー『なにがケインズを復活させたのか?』二〇〇九年、山岡洋一訳）。このような「言葉遣い」を援用するならば、ハイエクは「便宜」よりは「抽象的な正義」を優先し過ぎているのではないでしょうか。私がむしろサムエルソンの「新古典派総合」のほうを実践的指針として評価するゆえんです。

ムーアの「有機的統一の原理」

若き日のケインズが感銘を受けた思想といえば、もう一つ、哲学者G・E・ムーア（George Edward Moore, 1873-1958）の『倫理学原理』（一九〇三年）があることが以前から指摘されていましたが、とくにムーアが「有機的統一の原理」と呼んだ考え方は『一般理論』とも深いつながりがあります。「有機的統一の原理」とは、一言でいえば、「ある全体がその諸部分の総和と量において異なる内在的価値をもつ」ということですが、これは、『一般理論』がつねに、社会全体の「総」所得、「総」投資、「総」貯蓄などの経済数量のあいだに成り立つ経済法則を樹立しようとしている方法論に活かされています。しかし、ハイエクは、まさにこのような方法論を否定するのです。「マクロ経済学がほぼ一定として扱う諸関係は、ミクロ経済的構造における変化の結果として、きわめて急速に変化するかも知れない。そして、それらが不変であるという想定に基づく結論は、人を大いに誤らせることにならざるをえない」と(「回想のケインズと「ケインズ革命」」、田中真晴・田中秀夫編訳)。

ハイエクの誤解

ハイエクは、ウィーン大学に学び、カール・メンガー(Carl Menger, 1840-1921)が創設したオーストリア学派の伝統を尊重していたのですが、その一つに「方法論的個人主義」という考え方があります。メンガー自身は、それを「人間の経済の複雑な諸現象を、確かな観察をなお許すもっとも単純な諸要素にまで遡及する」というふうに表現しましたが、ハイエクは、もっと簡単に「個人の理解可能な行動を、複雑な市場構造のモデルを構築するための石材として、首尾一貫して利用すること」と表現しています(「経済思想史とメンガー『原理』の地位」一九七三年、田中真晴・田中秀夫編訳)。ハイエクの眼には、おそらく、「個人の理解可能な行動」を超えて、いきなり、さまざまな「集計量」のあいだの経済法則を樹立しようとする『一般理論』は、経済学の基礎を踏まえていないものとして映ったのでしょう。しかし、「方法論的個人主義」への固執は、ケインズが『一般理論』のなかで指摘した有名な「節約のパラドックス」のような知見に対して目をつむる結果となってしまいました(「節約のパラドックス」については、第一部を参照して下さい)。

ハイエクは、どうやら、さまざまな「集計量」のあいだの経済法則を樹立しようとしたことをもって、ケインズが「「函数《かんすう》」が一定でありつづけると想定」し、なんらかの「量的予言」を狙っていたかのように誤解しているようですが、それは、ケインズが計量経済学の成果に対して懐疑的で、「量的予言」のような大それた野望などはもっていなかったことを知らなかったか、ケインズと一部のケインジアンを混同したがゆえの単純な誤りだと思います。ケインズは、教え子のR・F・ハロッド（Roy Forbes Harrod, 1900-78）に宛てた手紙（一九三八年七月四日付）のなかで、経済学における「モデル」の性質を次のように説明していたのですから。

「経済学は、現代世界に適したモデルの選択技術と結びついたモデルによって思考する学問です。それがそうならざるをえないのは、典型的な自然科学とは違って、経済学が適用される素材が多くの点で時間を通じて同質的ではないからです。モデルの目的は、半永久的ないし相対的に不変の要因を一時的ないし変動的な要因から分離することによって、後者について思考し、またそれが特定の場合において惹起する時間的継起の理解についての論理的な方法を開発することなのです。

優れた経済学者が稀なのは、よいモデルを選択するための「用心深い観察力」を用いる才能が、高度に専門化された知的技術を必要としないものの、とても稀《まれ》なもののように思われるからです。」

「不確実性」とは何か?

さて、ここまで言及するのは控えておりましたが、ケインズの「不確実性」についての独自の概念に触れずにおくことは画竜点睛《がりょうてんせい》を欠く恨みがあるので、最後に、それを取り上げることにしましょう。

ケインズが意識的に「不確実性」に触れているのは、『一般理論』第十二章「長期期待の状態」に出てくる短い注釈のなかにおいてですが、彼はそこで次のように言っています。「私は「きわめて不確実」(very uncertain)ということを、「蓋然性《かいぜんせい》のきわめて小さい」(very improbable)ということと同じ意味で用いていない。私の『確率論』第六章「推論の重み」を参照」と(塩野谷祐一訳)。

ケインズの『確率論』(一九二一年)は、第一次世界大戦の勃発《ぼっぱつ》によって出版が遅れてしまったのですが、大戦前の彼の初期の仕事のなかでは、とくに重要なものの一つです。ただし、ケインズの「確率」概念は、私たちがふつうに知っている確率論とは違うために、最初は戸惑ってしまうかもしれません。「確率」というよりは「蓋然性」という言葉のほうがふさわしいという意見もありますが、ここでは、慣例上「確率」という言葉を使うことにしましょう。

ケインズは、次のように考えました。——「確率」とは、ある所与の前提命題hから結論命題aを導き出す「推論」に伴う「合理的な確信の程度」であると。これをP(a/h)と表現します。もしhからaが確実に導き出されるなら、「確率」は1、逆に、hからaは決して導き出されないなら、「確率」は0となりますが、留意すべきは、ケインズが、この意味での「確率」は一つの数値をもつとは限らないとことわっていることです。

先ほどの注釈には「重み」という言葉も出てきましたが、これは簡単にいえば、「推論」における前提となる知識の絶対量のことです。これを、V(a/h)と表現します。例えば、何か新しい知識や情報が付け加わると、「推論」の「重み」が増したというふうに考えるわけです。「重み」が増すことによって、前提命題hの「適切さ」がそれだけ増すので、そこから導き出される「確率」の信頼度が高まります。ただし、「重み」が増したからといって、「確率」の大きさが増すとは限りません。これはケインズが先ほど注記している重要なポイントですが、もし新しい知識や情報が不利な証拠を強める場合は、「確率」の大きさはむしろ減ることになります。これが、「きわめて不確実」が「蓋然性のきわめて小さい」と等しくないということの意味なのです。

ケインズがわざわざ「重み」に言及しているのは、第十二章で投資行動を説明していくとき、前提となる知識の絶対量がきわめて乏しい状況を問題にしなければならないからでした。「顕著な事実は、われわれが予想収益を推定するさいに依拠しなければならない知識の基礎が極端に当てにならないということである」（塩野谷祐一訳）という言葉は、そもそも、「重み」が低く、「確率」に信頼度がないという意味で「不確実性」の世界に足を踏み入れざるを得ないことを意味しているのです。

企業家は、ケインズの投資決定論では、「資本の限界効率」（幾らか難しい用語ですが、端的にいえば、「予想利潤率」のことです）と利子率を天秤《てんびん》にかけて、前者が後者よりも大ならば投資を拡大、逆に後者が前者よりも大なら投資を縮小し、結局、両者が一致するところまで投資をおこなうのですが、「不確実性」の世界では、資本の限界効率が企業家の抱く期待次第で大きく変動するので、たとえ利子率が下がったとしても、その効果が資本の限界効率の下方修正によって打ち消される可能性が十分にあります。それゆえ、ケインズは、利子率の操作によって投資に影響を与えようとする金融政策の限界を指摘しています。

「貨幣」が将来の「不確実性」への「不安」を鎮める

ケインズの「不確実性」は、「流動性選好説」と呼ばれる彼の利子論とも深くかかわっています。流動性選好説とは、簡単にいえば、流動性選好（ここでは、大まかに、「貨幣」に対する需要と考えておいてかまいません）と貨幣供給量の関係で利子率が決定されるという学説ですが、この利子論に従えば、貨幣供給量が一定の場合、流動性選好が強くなれば利子率は上昇します。では、なぜ人々は利子を生む「債権」の形で富を蓄えようとせず、利子を生まない「貨幣」を選好しようとするのでしょうか。実は、ケインズは、『一般理論』を公刊した一年後、その本が難解であり、少なからぬ誤解を招いたことを考慮して、「雇用の一般理論」と題する論文のなかで、改めて自分が本当に伝えたかったことを再述しているのですが、「不確実性」の世界では、貨幣をもつことによって将来に対する不安を鎮めてくれるからだという説明の仕方をしています。もう少しケインズの言葉を聞いて下さい。

「なぜなら、一部は合理的、一部は直感的な根拠に基づいて、富の蓄えとして「貨幣」を保有しようとするわれわれの欲求は、将来に関するわれわれ自身の計算と慣行に対するわれわれの不信の程度のバロメーターだからである。たとえ、このような「貨幣」についての感情が、それ自体、慣行的または直感的なものだとしても、「貨幣」は、いわば、われわれの動機づけのより深いレベルで作用するのである。「貨幣」は、より高い、もっと不安定な慣行が弱まってしまった瞬間に、その管理を引き受けるのである。現実の貨幣の保有は、われわれの不安を鎮めてくれる。そして、われわれに貨幣を手放させるために必要なプレミアムは、われわれの不安の程度の尺度なのである。」（「雇用の一般理論」一九三七年）

『一般理論』のなかにも、「完全雇用を提供するに足る水準に有効需要を維持することが困難であるのは、慣行的でかなり安定的な長期利子率と、気まぐれで高度に不安定な資本の限界効率とが結びついているためであるということが、いまや読者には明瞭《めいりょう》となったはずである」（塩野谷祐一訳）という文章が出てきますが、この意味もケインズの「不確実性」の世界を理解して初めて、それこそ「明瞭」になるに違いありません（「ケインズ体系」についての大まかな見取り図については、一七六－一七七ページの用語解説を参照して下さい）。

二〇〇八年九月、アメリカの投資銀行リーマン・ブラザーズが経営破綻《はたん》し、世界的な金融危機の引き金になったことはまだ私たちの記憶に新しいと思いますが、「リーマン・ショック」のような将来に対する不安を駆り立てるような状況では、流動性選好が著しく強まるので、各国の中央銀行が緊密に連絡を取り合い、国際的な協調行動（政策金利の引き下げや、公的資金の投入による金融機関の経営破綻の回避など）をとることによって何よりも人々の不安を鎮めなければなりません。このような事態も「不確実性」の世界だからこそ生じるのです。

それゆえ、ケインズは、「私は、古典派経済理論を、それ自体が将来についてわれわれはきわめてわずかしか知らないという事実を捨象することによって現在を取り扱おうとする優美にして上品なテクニックの一つであるがゆえに非難するのである」（「雇用の一般理論」）と、やや強い口調で「古典派」との決別を印象づけたのでした。

＊＊＊

用語解説

【ケインズ体系】

ケインズの『一般理論』は、乗数理論と流動性選好説という二つの柱に支えられています。これを体系的に理解すると次のようになるでしょう。――まず、流動性選好と貨幣供給量の関係で利子率が決まる（流動性選好説）。次に、利子率は、資本の限界効率との関係で投資を決めます。最後に、投資は、Y＝C＋IにYの関数としてのC＝f(Y)を代入することによって、YとCを同時に決める（乗数理論）。

これは、イタリアの経済学者ルイジ・L・パシネッティが提示したケインズ・モデルを言葉で表現し直したものに過ぎませんが（『経済成長と所得分配』宮崎耕一訳、岩波書店、一九八五年）、「ケインズ体系」を初心者に説明するときには、とても便利な図式です。もっと数学的に洗練されたモデルは、大学で教わることになると思いますが、その場合も、ケインズが『一般理論』のなかで次のように注意を喚起していることを肝に銘じて下さい。

「われわれの分析の目的は、間違いのない答を出してくれる機械、あるいは盲目的操作の方法を提供することではなく、個々の問題を考察するための組織化された秩序立った方法を用意することであって、錯綜《さくそう》要因を順次に遊離化することによって一応の結論に到達した後は、われわれは改めて熟慮をめぐらし、できるかぎりよく要因間の相互作用の可能性を考慮しなければならない。これが経済学的思考の性質である。」（塩野谷祐一訳）

参考文献

『世界の名著57　ケインズ　ハロッド』宮崎義一・伊東光晴責任編集（中央公論社、一九七一年）
伊東光晴『ケインズ』（岩波新書、一九六二年）
伊東光晴『現代に生きるケインズ』（岩波新書、二〇〇六年）
根井雅弘『現代経済学講義』（筑摩書房、一九九四年）
J・M・ケインズ『雇用・利子および貨幣の一般理論』塩野谷祐一訳（東洋経済新報社、一九八三年）
ポール・A・サムエルソン『経済学（上・下）』［第六版］都留重人訳（岩波書店、一九六六－六七年）
Robert Skidelsky, *John Maynard Keynes 1883-1946: Economist, Philosopher, Statesman*, 2003.
ロバート・スキデルスキー『なにがケインズを復活させたのか？』山岡洋一訳（日本経済新聞出版社、二〇一〇年）
The Collected Writings of John Maynard Keynes, vol. 14, edited by Donald Moggridge, 1973.
J・M・ケインズ『確率論』佐藤隆三訳（東洋経済新報社、二〇一〇年）

第四章　二十一世紀と経済学の三巨星

　私たちは、いま、二十一世紀の世界に生きています。第二部で取り上げた経済学の三巨星（シュンペーター、ハイエク、ケインズ）は、二十世紀に活躍した経済学者なので、みなさんは、彼らの「古い」思想や理論から学ぶことはあるのだろうかと立ち止まってしまうかもしれません。たしかに、いかに偉大な経済学者でも、その思想や理論がそのままの形でずっと生き延びることは稀《まれ》なので、みなさんの心配にも十分な理由があるでしょう。しかし、「歴史は、現在と過去との対話である」（E・H・カー『歴史とは何か』清水幾太郎訳、岩波新書、一九六二年）という有名な言葉があるように、経済思想史を「骨董《こっとう》趣味」ではなく「現在と過去との対話」であると捉え直すことによって、三巨星を学ぶ意味も変わってくると思います。

イノベーションと需要の好循環

シュンペーターは、「企業者」によるイノベーションの遂行が経済発展をもたらすという「動態」的ヴィジョンを終生保持しましたが、イノベーションを「新しい生産関数の設定」とも呼んだことがあるように、自分の理論は経済の供給面にかかわるものだと理解していました。それゆえ、みずからの『経済発展の理論』は、「短期」の想定から「有効需要の原理」を引き出したケインズの「静態」的理論（『一般理論』）とは相容れないものだと堅く信じていました。シュンペーターが、『一般理論』に対する書評（一九三六年十二月）のなかで、ケインズの「静態」的ヴィジョンをこきおろしたのは有名です。

「資本主義の過程は、本質的に、本書（『一般理論』）の想定から外されたタイプの変化の過程である。そして、資本主義の特徴的な現象や問題のすべては、それがそうした過程であるという事実から生じるのである。生産関数の不変を前提とした理論は、もしそれ自体として正しければ、理論家にとってやはりある程度役に立つかもしれない。しかし、それはもう一つ別の世界の理論であり、失業も含めた現代の産業的事実とのあらゆる接触を欠いている。現代の浮き沈み、「豊富のなかの貧困」、その他についてのいかなる解釈も、そこからは導き出すことはできないのである。」

このような「原理主義」的立場に固執する限り、シュンペーターとケインズの対話の可能性はなくなるでしょう。しかし、わが国が高度成長路線を突っ走っていた一九六〇年代には、イノベーションに誘発されて民間設備投資が増大する一方で、有効需要の増大がイノベーションを促進するというように、ケインズの「有効需要」とシュンペーターの「イノベーション」が相互補完の関係にあったことが知られています。「ケインズ理論＝静態理論」と「シュンペーター理論＝動態理論」は相容れないという紋切り型の理解では、このような現実は捉えることができません。

翻って、現代日本は、バブル崩壊のあと、すでに三十年近くも「長期停滞」から脱することができないでいますが、二十一世紀になってようやく、吉川洋《よしかわひろし》（東京大学名誉教授）のように、「長期」においても「有効需要」が「イノベーション」を牽引《けんいん》するという実証研究に基づいて、「イノベーションと需要の好循環」こそがわが国の高度成長を実現したのだという視点を強調する研究者が現われ始めました（『構造改革と日本経済』岩波書店、二〇〇三年）。

このような視点は、「短期」では需要面、「長期」では供給面が重要だと考えてきた現代経済学の思考法にも反省を迫るものですが、政策指向の吉川氏は、さらに進んで、「需要創出型の構造改革」（「健康」「住宅」「環境」「教育」など、これから需要が飛躍的に伸びると期待される分野が挙げられています）によって「イノベーションと需要の好循環」を実現し、一日も早く長期停滞から抜け出すべきだと主張しています。

このような問題意識をもってシュンペーターの『経済発展の理論』を読み返してみると、実は、シュンペーターも、「動態」においては生産の側から積極的に働きかけて消費者の新しい欲望が創造されるという意味で、「静態」の場合と違って、「需要」と「供給」を相互に独立した要因としては見なせないのだという趣旨のことを主張しているのを発見します。

「……経済における革新は、新しい欲望がまず消費者の間に自発的に現われ、その圧力によって生産機構の方向が変えられるというふうにおこなわれるのではなく——われわれはこのような因果関係の出現を否定するものではないが、ただそれはわれわれになんら問題を提起するものではない——、むしろ新しい欲望が生産の側から消費者に教え込まれ、したがってイニシアティヴは生産の側にあるというふうにおこなわれるのがつねである。これが慣行の軌道における循環の完了と新しい事態の成立との間の多くの相違の一つである。すなわち、供給と需要とをたがいに原理的に独立した要因として対立させることは、第一の場合には許されるが、第二の場合には許されない。この結果として、第一の場合の意味における均衡状態は第二の場合にはありえないことになる。」（塩野谷祐一・中山伊知郎・東畑精一訳）

「企業者」の主導権を強調しているのはシュンペーターの特徴ですが、「動態」において、まず生産の側が新しい欲望を創造することに成功し、次に需要の増大がさらに革新を促進するというふうに論理を展開していけば、先に触れた「イノベーションと需要の好循環」とほとんど変わらないアイデアに到達できたはずなのです。シュンペーターがそのような方向に進まなかったのには、ケインズとの違いを強調したいプライドも関係していたかもしれませんが、二十一世紀に生きる私たちには、そのような些細なことに煩わされずに新しいアイデアを創造していく自由が与えられると言えるのではないでしょうか。

他者との相互交流を

ケインズとシュンペーターは戦前からわが国で人気がありましたが、ハイエクの社会哲学（戦前の貨幣理論の仕事ではなく）が若い人たちの関心を集めるようになったのは、比較的最近のことだと思います。とくに、「ベルリンの壁」の崩壊は、ハイエクが生涯をかけて批判し続けた社会主義の崩壊を象徴する大事件であり、ハイエクの人気も一挙に高まったような感があります。彼の社会哲学を受け容れがたく思っている人たちは今でもおりますが、本文で述べたように、独自の知識論に基づいた計画経済批判は、彼の最も優れた仕事の一つとして評価されるでしょう。

知識論と同じくらい啓発的なのは、ハイエクの競争論です（「競争の意味」一九四六年、田中真晴・田中秀夫編訳）。彼の競争論は、一言でいえば、「競争とは本質的に意見の形成の過程である」ということに尽きるのですが、これはどういうことかといえば、従来の均衡理論が「競争的均衡」に関心を集中するあまり、そこへ到達するまでの「競争過程」に目をつむっていることを批判したものでした。ハイエクの視点は、ネオ・オーストリア学派と呼ばれる人々に受け継がれていますが、その学派を代表する一人であるI・M・カーズナー（Israel Meir Kirzner, 1930-）は、従来の均衡理論が「競争過程がすでにゆきつくし、能動的な競争が価格に関してさえも、もはや発生しないという均衡状態を仮定している」ことを批判しています（『競争と企業家精神』田島義博監訳、千倉書房、一九八五年）。

カーズナーも「企業家精神」に注目する点ではシュンペーターと同じなのですが、シュンペーターがそれをもっぱらイノベーションと結びつけたのに対して、カーズナーは、「すでに存在し認知されるのを待っている諸機会に対して機敏である」ことと捉え直し、「以前の市場での無知から生ずる不整合な諸要素を相互的に調整する」ことによって均衡へと導くこともまた「企業家」の役割だと主張しています。このような視点は、シュンペーターが「企業者」をイノベーションの遂行によって均衡を攪乱する経済主体として捉えたのと好対照です（慣例に従って、シュンペーターの場合は、「企業者」という言葉を使います）。

若い人たちがハイエクに寄せる関心は、比較的年配の経済学者たちの想像を超えるものがあるようですが、私は、少なくともハイエクの主張が一面の真理を突いていたことは率直に認めるべきだと思っています。ただし、ハイエクが古典的な自由主義に固執するあまり「原理主義」的になり過ぎることに対しては警戒心をもつべきでしょう（例えば、累進課税に代わる比例税の提案、国家による社会保障制度に代わる私的保険への自由加入制の支持、労働組合に対する否定的な態度など）。なぜなら、「真理の発見を、あるいは、少なくとも達成の可能な真理への最上の接近を、容易ならしめると思われるのは、さまざまな経験からひきだされた異なる意見をもった人びととの討論と相互批判である」（「自由主義」一九七三年、田中真晴・田中秀夫編訳）と書いたのは彼自身であり、ハイエク流の社会哲学も、「他者」との相互交流を経て進化していくべきだと思うからです。

ここまで、私は、繰り返し「原理主義」に陥ることの危険性を指摘しました。シュンペーター、ハイエク、ケインズという二十世紀経済学の巨星たちが二十一世紀に生きる私たちに何らかの示唆を与えられるとすれば、それは「他者」との切磋琢磨《せっさたくま》によってみずからを向上させる態度を身につける以外にはないのではないでしょうか。

参考文献

Essays of J.A.Schumpeter, edited by R. V. Clemence, 1951.
吉川洋『構造改革と日本経済』（岩波書店、二〇〇三年）
根井雅弘『ケインズとシュンペーター』（NTT出版、二〇〇七年）
J・A・シュムペーター『経済発展の理論（上・下）』塩野谷祐一・中山伊知郎・東畑精一訳（岩波文庫、一九七七年）
F・A・ハイエク『市場・知識・自由』田中真晴・田中秀夫編訳（ミネルヴァ書房、一九八六年）
I・M・カーズナー『競争と企業家精神』田島義博監訳（千倉書房、一九八五年）

第三部　経済学の三つの基本

——経済成長、バブル、競争

第一章　経済成長への夢

経済成長と豊かさ

「経済成長」という言葉は、いまでも、新聞や雑誌にしばしば登場します。政府の成長戦略や民間のシンクタンクの経済成長率の予測など、私たちはあまりにもその言葉に触れる機会が多いので、それなしには生活が成り立たないようにいつの間にか考えるようになりました。

日本もかつては貧しい社会でした。しかし、一九六〇年代の高度成長路線が曲がりなりにも軌道に乗ったことによって、次第に「豊かさ」を実感できるようになったと一般には言われています。その頃は、「経済成長」と「豊かさ」は結びついていたのです。高度成長時代に生まれ育った私の世代も、そのような思考法から無縁ではないと思います。成長の「影」の側面として水俣《みなまた》病に代表される公害や環境問題が深刻になりつつあることは一部の識者にはよく知られていましたが、まだ社会全体が「成長」を指向していた時代には多数派の意見にはならなかったのが事実でした。

その後、一九七〇年代に二度の石油危機を経験し、経済成長路線が一時頓挫したとき、経済成長至上主義への懐疑的な意見も増えましたが、一九八〇年代の後半、日本人はバブル経済に浮かれてしまったので、そのことをほとんど忘れかけていたように思われます。バブルが崩壊し、経済停滞が長引くにつれて、私たちは否応なく日本の経済システムが「低成長」に適応しなければならないことにようやく気づきました。そして、二〇一一年三月十一日の東日本大震災の衝撃が経済成長至上主義にとどめをさしたかのように思われました。それにもかかわらず、私たちの頭のなかには、いつかまた画期的なイノベーションや新産業の誕生によって高度成長を実現できる（その結果、税収も増えるので消費増税は必要ではない）という「夢」のようなシナリオが隠されているようです。この「夢」は、なかなか消えません。

ケインズ経済学の考え方

もちろん、高度成長の結果「豊かな」社会が実現したという「光」の部分を完全に否定するような見解は少数派だと思いますが、それでも、いまや高度成長の果実を正当に評価する経済学者やエコノミストでも、それを手放しで礼賛するようなことはほとんどなくなったのではないでしょうか。例えば、吉川洋（東京大学名誉教授）はわが国を代表するケインジアンのひとりですが、『高度成長――日本を変えた六〇〇〇日』（読売新聞社、一九九七年）という著書のなかで次のように述べています。

「近代化、そしてそれをもたらす経済成長は「進歩」だと長く信じられてきた。もしリンゴが三百六十五個から七百三十個に増えるだけなら、それは定義によって「進歩」である。しかし「高度成長」の経験が如実に示しているように、経済成長とはわたしたちを取り巻く世界を隅から隅まで全部「取り替える」ことにほかならない。それとともに人の心すら変わる。

こうした経済成長のプロセスで生じるマイナス、その過程で失われる尊いものを、細大もらさず金銭的に評価することは不可能である。地球大に拡大した自然破壊のコストを正確にとらえることなどは、およそ人知を超えたことであろう。また、夜汽車に揺られて集団就職した十五歳少年少女の悩みを「評価」するデリケートさなど、「市場」は持ち合わせていない。」

日本が高度成長路線を突っ走っていた頃は、ちょうどケインズ経済学やケインジアンが学界で大きな勢力をふるっていた時期と重なっています。ケインズ（John Maynard Keynes, 1883-1946）の有名な『雇用・利子および貨幣の一般理論』（一九三六年）のなかには明示的な成長理論はなかったのですが（ケインズ経済学の初歩的な解説については、第一部第二章を参照して下さい）、彼の思考法を受け継いだケインジアンたちは、さまざまな成長モデルを構築することに努力を傾注しました。モデルは単純なものから複雑なものまでたくさんありますが、経済学の教科書を通じて広く普及したのは、ハロッド＝ドーマーモデルと呼ばれる比較的単純なものでした。

ハロッド＝ドーマーモデルのポイントは、「投資の二重性」に注目したところにありました。ケインズの『一般理論』は、「短期」の想定（資本設備・技術・人口が所与であること）を置いていたので、投資Iが増大したとき、それが有効需要の増大を通じて国民所得Yの増大をもたらす側面に注目しました。ケインズの「乗数理論」の公式 $\varDelta Y = \frac{1}{s}\varDelta I$ がこれを明瞭に表わしています（sは「限界貯蓄性向」と呼ばれます）。しかし、他方で、投資の増大は短期を超える「長期」になると、潜在的生産能力を拡大させる効果があります。それゆえ、一つのモデルをつくるには、投資が増大したとき、有効需要の増大と生産能力の拡大がバランスするところを見つけなければなりません。

いま、完全雇用の状態から出発すると仮定してみましょう。投資の増大 $\varDelta I$ は乗数理論に基づいて国民所得の増大 $\varDelta Y$ をもたらします。

$$\varDelta Y = \frac{1}{s}\varDelta I$$

しかし、投資はそれに産出係数 σ をかけただけの潜在的な生産能力Pの拡大 $\varDelta P$ をもたらすでしょう。

$$\Delta P = I\sigma$$

したがって、有効需要の増大と生産能力の拡大がバランスするのは、

$$\frac{1}{s}\Delta I = I\sigma$$

$$\frac{\Delta I}{I} = s\sigma$$

すなわち、投資が $s\sigma$ の割合で増大するときだということがわかります（$s\sigma$ は、ハロッドが「保証成長率」と呼んだものに等しいのですが、詳しくは、マクロ経済学の教科書を参照して下さい）。

所得倍増計画

このモデルはきわめて単純明快ですが、池田勇人《はやと》首相のブレーンで「国民所得倍増計画」（一九六〇年十二月閣議決定）を構想した下村治氏の念頭にあったものと根本は同じだと言ってもよいでしょう。この点は、飯田経夫氏も指摘していますが、的確な理解だと思います（『現代日本経済史』上巻、筑摩書房、一九七六年を参照）。

当時は、イノベーションと旺盛な民間設備投資が手を携えて進行しながら高度成長を実現して

いました。下村氏の議論には多少荒削りなところがあったものの、多くの日本人は、日本経済がいまや「歴史的な勃興期」にあるという将来に対する明確なヴィジョンを大胆に提示した下村氏の自信に満ちた文章に魅了されました。実際、日本経済は、十年間で国民所得を二倍にするために想定された年率七・二％を超える一〇・九％という成長率を達成したので、下村氏の直観に基づく大胆なヴィジョンの完全勝利と言ってもよいのではないでしょうか。下村氏の文章は、いま読んでも、日本経済の明るい未来を確信に満ちた筆致で語った名文でした（『日本経済成長論』金融財政事情研究会、一九六二年）。

「設備投資の驚くべき上昇は、日本の国民がただ単に進歩と発展を希求する精神的な解放のみを追求しているのではないことを示すものである。それは同時に、その欲求を充足するに必要な生産性の向上と生産能力の拡充を追求し、これを実現する能力をもっていることを示している。日本の国民は、うわついた欲求先行の心理革命を行なっているのではなく、足を地につけた生産性先行の経済革命を進めているのである。

精神的な高揚と革新は、今日、国土の全域にわたって浸透しつつある。そして、これはやがて九千四百万人の創造力の飛躍的向上となってあらわれてくるに違いない。たくましい合理化・近代化投資によって、日本国民は、このような激動の過程を、現実的・合理的な軌道に乗せうる能力があることを実証しつつあるのが、当面の事態の真相だと思う。これは、うわついた成長ムードというようなものではない。歴史の新たな勃興期にふさわしい精神的高揚の発展というべきである。」

ガルブレイスの疑問

ところが、わが国が高度成長時代に突入する前から、海の向こうには経済成長至上主義に疑問を呈していた異端派がいました。有名な経済学者ガルブレイス（John Kenneth Galbraith, 1908-2006）がそのひとりです。

ガルブレイスの名著『ゆたかな社会』の第一版が出版されたのは一九五八年ですが（日本語版は、鈴木哲太郎訳、岩波書店）、この本を有名にしたのは、なんといっても「依存効果」という造語でした。その意味をかいつまんで説明してみましょう。

ふつうの経済学の教科書では、最初のほうで「消費者主権」という概念を習いますが、これは企業は消費者の嗜好《しこう》や選好を忠実に反映するような生産をおこなうという想定を指しています。しかし、ガルブレイスは、これは現代資本主義の特徴を捉えていないと考えました。なぜなら、現実には、企業のほうが広告や宣伝などを効果的に駆使して消費者の欲求を創り出しているからです。この意味で、欲求は生産に「依存」していることになります。それゆえ、ガルブレイスは、これを「依存効果」と呼びました。

留意すべきなのは、「依存効果」が本領を発揮するのは、ある程度の豊かさを実現した社会になってからだということです。もし本当に飢餓の危機にあるような貧しい社会なら、まず生きるために食べることが何よりも重要で、宣伝や広告などはほとんど意味をなしません。ある程度経済的にゆとりができて、何か買いたいのだけれども何があるのかよくわからない――そのような状況になって「依存効果」が威力を発揮するのです。ちょっとでもテレビをつけて見ればわかるように、どの企業もあの手この手で消費者の需要を喚起するようなコマーシャルを苦心してつくって流しています。

「依存効果」は主に「営利」を目的にしているので、当然ながら、民間の経済部門に向けて作用します。もしそれが強力に働くならば、不要不急のものに対する需要が次々と創造されますが、それとともにそれだけGDPの総額も増えるでしょう。GDPが増えていく(つまり成長している)ことはよいことのように思えますが、ガルブレイスは、「依存効果」のことを考えると、それは国民の福祉の向上とは同じではないのではないかという疑問を抱きました。ガルブレイスは次のように言っています。

「財貨に対する関心は消費者の自発的な必要から起こるのではなく、むしろ依存効果によって生産過程自体から生まれる。生産を増加させるためには欲望を有効にあやつらなければならない。さもなければ生産の増加は起こらないであろう。すべての財貨についてこういえるわけではないが、大部分の財貨についてそういえるということで十分である。このことから考えると、このような財貨に対する需要は、あやつらなければ存在しないのだから、それ自体の重要性または効用はゼロである。この生産を限界生産物と考えれば、現在の総生産の限界効用は、宣伝と販売術がなければ、ゼロである。生産こそをわれわれの社会の中心的な業績とみなす態度や価値観というものは、まさにひどく歪曲《わいきょく》された根の上に立っているといわなければならない。」

（鈴木哲太郎訳）

ガルブレイスの眼は、たんに経済成長至上主義への疑問に向かっているわけではありません。「依存効果」が民間の経済部門に強力に作用している限り、資源は民間部門に優先的に配分されるはずです。それゆえ、豊かな社会であるにもかかわらず、公共部門がきわめて貧しい状態に放置されやすいのです。ガルブレイスは、これを「社会的バランス」の欠如と表現しましたが、これはもちろん「市場」に任せるだけでは解決できない問題です。

ガルブレイスは、このように、アメリカのような豊かな社会でも依然として公共部門の「貧しさ」が残っているという問題を、『ゆたかな社会』というタイトルの本のなかで逆説的に指摘しました。私たちはそのタイトルに紛らわされてはなりません。

経済成長の代価

ガルブレイス以外でもうひとり ユニークな経済学者を挙げるとすれば、『経済成長の代価』（一九六九年）という問題提起の書を書いたミシャン（Ezra J. Mishan, 1917-2014）でしょうか（日本語版は、都留重人監訳、岩波書店）。

ミシャンは、ある意味で、ガルブレイスよりもラディカルです。というのは、ミシャンが、民間企業の活動が今日さまざまな「外部不経済」（彼は「外部効果」と言っておりますが、内容から判断して環境破壊のような外部不経済を指していると思われます）を生み出している現状に鑑《かんが》み、「現行の法律のもとで何が費用であるかということと、そもそも何を費用として計上すべきかということ」は改めて考え直さなければならないと主張しているからです。

ミシャンは、現代では「プライバシーや静穏や清涼な空気」がますます稀少になりつつあるので、そもそも、それらを費用のかからない「自由財」のように扱うのは適当ではないと考えています。それゆえ、もしいまや稀少になったそれらを享受する権利（彼は「便益権」と呼びます）を法的にも保障することができれば、民間企業がそれらを侵害するような活動を自由におこなうことはできなくなるでしょう。万一、侵害するようなことがあれば、民間企業は被害者に補償する費用を負担することを覚悟しなければならないというわけです。ミシャンの思想がラディカルであるゆえんです。ミシャンは、次のように言っています。

「民間企業は、何十年ものあいだ、一片の顧慮もすることなく、われわれが呼吸する大気を汚染し、排水で湖や川を毒し、またモーター付芝刈り機やオートバイからトランジスター、自家用飛行機にまでにわたる道具ものを製造して数多くの家庭の静穏を損なってきた。したがって、ここで提案されていることは、民間企業を規制する法律的な枠組を改めて、その活動を現代社会の利益とより緊密に調和する目標へ方向付けることにあるとみなすことができるのである。」（都留重人監訳、傍点は原著者による）

具体例を挙げて考えてみましょう。単一の地域内で考え方が真っ向から対立する二つのグループ（例えば、トランジスター化したビーチを好むグループと、それを嫌悪するグループ）がある場合、ミシャンは、両者を隔てる、いわば「分離施設」を提供することが問題解決の第一歩となると主張します。ミシャンの挙げたトランジスターの例は、一九六〇年代末という時代を感じさせるものではありますが、周囲に音のもれる大小の音響機器のことを考えても差し支えありません。

つまり、トランジスター派が自由に利用できるビーチと、静穏を愛する人たちのためのビーチを分離したほうが、共用による解決策を模索するよりは、「反トランジスター派の満足を損なうことなくトランジスター・ファンの状態を改善することになるので、単一地域内のいわゆる「最適」解によって得られる以上に、福祉を増大させることになるのだ」というのです。

分離施設は、例えば、喫茶店で「禁煙」と「喫煙」の席を分けているところをイメージするとわかりやすいかもしれませんが、留意すべきは、ミシャンが便益権を法的に確立することも分離施設の創設も、市場メカニズムに任せている限りは自然に生まれるものではないことを強調していることです。
とくに、「プライバシーや静穏や清涼な空気」を愛するミシャンは、著しい環境破壊を伴うような外部不経済に対しては、「選択の余地」を拡大するような解決策が緊急に必要だと何度も強調しています。「選択の余地」という言葉を聞くと、フリードマン（Milton Friedman, 1912-2006）のような「新自由主義者」を思い浮かべるかもしれませんが、ここでは彼らが使うような意味ではありません。たしかに、営利企業が生産する製品であれば、本当に必要かどうかは別として、次々に新しいものが登場し、「選択の余地」は拡大しているように見えるでしょう。しかし、ミシャンは、「生活の楽しみを破壊するような事がらにかんしてはすべて、われわれには選択の余地がない」と反論しています。

「環境は悪化する一方であり、耳を襲う騒音には歯止めがなく、煤煙《ばいえん》や悪質のガスは容赦なくわれわれの体を包む。わが家で静かな一夜をすごすことさえ、頭上にとどろく航空機に妨げられて、それもかなわぬという事態が多い。プライバシーがこのように冒されていることにたいして、われわれが無関心であろうがなかろうが、それを平然と堪えるか苦痛をもって受け取るか、あきらめるか怒るか、いずれにせよ、現在の情況のもとでは、われわれには実際上、どうすることもできないのだ。」（都留重人監訳）

定常状態での人間的進歩

ミシャンは異端派ともラディカルとも言えますが、ところが、経済学史上ミシャンと類似の思想を抱いていた経済学者が少なくともひとりはいます。古典派時代の偉大な知識人だったミル（J. S. Mill, 1806-73）です。ミルの時代の経済学者は、「定常状態」という利潤ゼロの状態が到来することを真剣に恐れていましたが、ミルは反対に定常状態においても人間的進歩の可能性は決してなくならないという意味で肯定的な評価を下しました。当時広く読まれたミルの『経済学原理』（一八四八年）には、次のような文章が登場します。

「資本と人口の定常状態が人間的発展の停止状態を意味するものでは決してないことは、改めて指摘するまでもない。定常状態でも、以前と同じように、あらゆる種類の精神的文化や、道徳的および社会的進歩の余地が十分にあることに変わりはないだろう。また「生活様式」を改善する余地も以前と変わりなく、むしろそれが改善される可能性は、人間の心が仕事を続けていく術《すべ》に夢中にならなくなるときはるかに大きくなるだろう。産業の技術さえも、以前と同じように熱心に、かつ成功裏に開拓されるだろう。唯一の違いは、富の増大という目的だけに奉仕する代わりに、産業上の改善が労働を節約させるという、そのもっともな効果をもたらすだけになるだろうということだ。」

このような見解はいまでも多数派ではありませんが、それに好意的なひとは、環境問題が深刻になった現代では少しずつ増えてきたように思われます。しかし、成長神話の余韻が少しでも残っている限りは、本当の意味で受け容れられてきたとは言えないのではないでしょうか。そして、そうこうするうちに、二〇一一年三月十一日、東日本大震災が発生したのです。この大震災の「経済的帰結」については、多くの経済学者やエコノミストが論じてきましたが、私が興味深く読んだのは、政治経済論というよりは文明批評というべき平川克美氏（1950-）の著書でした（『小商いのすすめ「経済成長」から「縮小均衡」の時代へ』ミシマ社、二〇一二年）。

平川氏は、東日本大震災を戦後長い間この国を支配した経済成長至上主義に引導を渡したというふうに捉えました。――日本がまだ貧しかった頃、日本はまだ「死に物狂いになる野生」を十分にもっており、「拡大均衡」が可能であった。しかし、高度成長の結果、日本は富を得て野性を失い、経済成長のための条件を失いつつあると。

しかし、高度成長時代に身についてしまった思考法は、いまだに経済界やエコノミストのあいだに根強いのが現実です。平川氏は、それを「強迫観念」と表現しています。そして、資本主義が「産業資本主義」「消費資本主義」を経て「金融資本主義」の段階に到達したとき、逆説的にも、最も進んでいたはずの西欧諸国において総需要が停滞し、経済成長が実現できないでいる「袋小路」に陥っているというのです。

それゆえ、平川氏は、「そろそろこの夢から覚める必要があると、わたしは考えています。そして、このような時代に、日本人が採用すべき生き方の基本は、縮小しながらバランスする生き方以外にありません」と主張しています。

「縮小均衡」という言葉は、どこまでも小さくなっていくように誤解される恐れがあるので、経済学者やエコノミストには多少の違和感が残りますが、タイトルにある「小商い」のイメージを読んでみると、平川氏が「拡大よりは継続」「短期的な利益よりも現場のひとりひとりが労働の意味や喜びを噛《か》み締めることのできる職場」などを意味していることがわかります。このような会社は、日本的経営がうまくいっていた「古き良き時代」を彷彿させますが、「縮小均衡」とはいっても個々には活気のある革新が続いているようなことが書いてあるので、誤解を恐れずにいえば、世界的な理論経済学者の宇沢弘文《うざわひろふみ》氏（1928-2014）がミルの「定常状態」を「持続的発展」と読み替えたものに近いかもしれません（『経済学と人間の心』東洋経済新報社、二〇〇三年）。

宇沢氏は、ミルの「定常状態」をマクロ的諸変数（国民所得、消費、投資、物価水準など）が一定でありながら、ミクロ的には華やかな人間活動が展開されている状態として捉えていますが、宇沢氏独自の解釈は、このような状態がヴェブレン（Thorstein Veblen, 1857-1929）の「制度主義」の経済学によって実現可能になると主張しているところです。宇沢氏は、晩年、「社会的共通資本」（自然資源、社会的インフラストラクチャー、制度資本の三つに大別されます）を軸にした経済学の展開に従事していましたが、それを「社会的な観点から最適な形に建設し、そのサービスの供給を社会的な基準にしたがっておこなうことによって、ミルの定常状態が実現可能になるというように理解することができる。現代的な用語法を用いれば、持続的発展（sustainable development）の状態を意味したのである」と主張しています。

ミルの「定常状態」がヴェブレンを介して社会的共通資本論へと受け継がれるというのは確かに宇沢氏独自の解釈なのですが、経済思想史の上ではひとつの思想が形を変えながら何度も甦《よみがえ》るということはよくあることだと言ってもよいでしょう。

外部不経済

ところで、もともと「外部経済」「外部不経済」などの概念を経済学に導入したのは、有名なケインズの師匠でケンブリッジ学派の創設者マーシャル（Alfred Marshall, 1842-1924）ですが、その問題意識を受け継いで環境経済学でよく使われる「ピグー税」を含むアイデアを『厚生経済学』（一九二〇年）と題する著作にまとめたのは、ケインズの先輩にあたるピグー（Arthur Cecil Pigou, 1877-1959）でした。

ピグーは、現代的な表現を使えば、環境破壊のような外部不経済がある場合、「社会的費用」と「私的費用」に乖離《かいり》が生じる（前者が後者を上回る）ので、民間企業に税金を課し、資源配分の歪《ゆが》みを矯正するというアイデアを提示しました（これによって社会的費用と私的費用が一致する方向に向かいます）。これは教科書では「外部不経済の内部化」と呼ばれています。

外部不経済の内部化は、基本的に資源配分の歪みを「市場メカニズム」の活用によって是正するという考え方に立脚していますが、これは昔も今も問題解決の正統派的な方法だと思います。「分離施設」まで主張するミシャンなら同意しないでしょうが、しかし、ケインズ革命まで正統派経済学の権威者として活躍したマーシャルも、「経済的側面」や「経済的価値」ばかりを論じていたわけではありません。マーシャルは、主著『経済学原理』(一八九〇年)のなかで、次のように述べています(日本語版は、永澤越郎訳、岩波ブックセンター信山社)。

「生活のための必需品がひとたび獲得されるならば、すべての人々は自らの所有する財について、数や壮大さよりは美の増大を求めるべきである。家具と衣類の芸術的な性格の改善は、それを造る人々にとって高級な才能の訓練に役立つのみならず、それを用いる人々にとっても増大する幸福の源泉である。しかしもしより高級な美の標準を求める代わりに、家族用の財の複雑さと多様さを求めることに増大する資力を用いるならば、真の便益も永続的な幸福も得られない。もしすべての人がより少数の、より単純な財を購入し、それらをそれらの持つ真の美のために選別する労をとるならば、そしてもちろん支出に対して立派に価値のあるものを入手できるように注意しながら、高い報酬を受け取る労働によって立派に造られた少数の財を購入することを選び、低い報酬を受ける労働によって拙速に造られた多くの財を買うことを止めるならば、世界ははるかに良くなるであろう。」(永澤越郎訳)

第一部でも触れたように、マーシャルは、もともと、経済学が「富の研究」であると同時に「人間の研究」でもあることを強調していました。そして、人間性というのは時代とともに「進歩」するし、またしなければならないと堅く信じていました。――労働者が「安楽」のためばかりにお金を使わず、自らの教養を高めることを目指すようになること。そして、企業家が「お金儲《もう》け」ばかりを考えずに、自らの仕事の「卓越性」を追求するようになり、必要とあれば公益のために自らの財産を提供するような態度を身につけること（いわゆる「経済騎士道」のすすめ）。これがマーシャルの「理想」でした。

しかし、人間性は急速には進歩しないので、理想に近づくには地道な教育を通じて労働者や企業家の人間性を向上させるしかありません。マーシャルが「進歩」に関して漸進主義をとったのはそのためです。

「進歩は緩慢でなければならない。しかし単なる物質的な観点から見た場合でさえも、つぎのことは記憶にとどめておくべきであろう。すなわち生産の直接的な能率にはわずかな貢献しかしない変化であっても、その変化が、富の生産において人類がより能率的となり、分配においてより平等となるような組織をより喜ぶようになり、またそれにより適するようになる変化であるならば、実行する価値があり得るということである。また比較的下級の勤労者階級の持っている高級な能力が浪費されるままに放置される体制は、すべて重大な疑問に曝《さら》されていると

いうことである。」（永澤越郎訳）

ただし、この章のはじめにも触れましたが、私を含めて、高度成長の時代に育まれた思考法から完全に自由になるのは決してやさしいことではないと思います。私が、折に触れて、ケインズの有効需要の原理とシュンペーター（Joseph Alois Schumpeter, 1883-1950）のイノベーションの「総合」を目指した吉川洋氏の試み（「需要とイノベーションの好循環」というアイデア）を好意的に取り上げてきたのも、その思考法から自由ではないからでしょう。しかし、そのような幸福な時代は、これからは例外になるかもしれません。それくらいの覚悟は必要なのではないでしょうか。

余暇を自発的に

マーシャルの晩年は、イギリスの経済的覇権がアメリカの急速な台頭によって脅かされつつあった時期に当たっていますが（彼は二十世紀にはアメリカが覇権を握ることを予見していました）、老大国の知性は、「自然は飛躍せず」のモットーに忠実に、無理して成長路線を掲げるよりも教育の拡充や労働時間の短縮などによって人間らしい「余暇」を過ごせるようになることのほうが重要だと考えました。もちろん、発展途上国のインテリなら、そのような悠長なことは言えなかっただろうという限界はあります。しかし、わが国が現在置かれている状況を冷静に見れば、マーシャルの言葉に耳を傾けるだけの「ゆとり」が必要だとわかるのではないでしょうか。

「しかし、不幸にして人間性は徐々にしか改善できない。そして余暇をよく利用することを学ぶという困難な課題ほど、緩慢しか学ぶことのできないものは他には存在しない。あらゆる時代、あらゆる国民そしてあらゆる社会階級において、いかによく働くかを知っている人々の方が、余暇をいかによく利用するかを知っている人々よりも、はるかに多数派であった。しかし、他方において、人々が余暇を立派に利用することを学ぶことができるのは、余暇を欲するように利用できる自由を通じて初めて可能である。また余暇が欠如しているいかなる筋肉労働者の階級も、自尊の念を多く持つことができず、また立派な市民となることもできない。教育的な効果を持たない、疲労を重ねる仕事からの自由な若干の時間は、高い生活水準のための必要条件である。」（永澤越郎訳）

＊＊＊

用語解説

【ケインズの乗数理論】

乗数理論は、国民所得の決定モデルから簡単に導き出すことができる。すなわち、Y=C+Iと

いう式から、

$$\Delta Y = \Delta C + \Delta I$$

$$\left(1 - \frac{\Delta C}{\Delta Y}\right) \Delta Y = \Delta I$$

ここで、$\Delta C / \Delta Y$（「限界消費性向」）をαとおくと（$1-\alpha$は「限界貯蓄性向」sと定義される）、

$$\Delta Y = \frac{1}{1-\alpha} \Delta I \quad \text{or} \quad \Delta Y = \frac{1}{s} \Delta I$$

となる。この式は、投資の増大ΔIがその「乗数」（ここでは、$\frac{1}{s}$がそれに当たる）倍の国民所得の増大ΔYをもたらすことを示している。

【限界効用】

財の消費から得られる満足を「効用」と呼ぶが、財の消費を一単位増加したときの効用の増加のことを「限界効用」と呼ぶ。十九世紀後半の「限界革命」と呼ばれる経済理論上の革新によって次第に普及していった。限界効用はふつう財の消費が増加していくにつれて逓減するので、

「限界効用逓減の法則」が成り立つ。

【定常状態】

古典派の時代、リカードの『経済学および課税の原理』(一八一七年)がこの状態の到来を最も体系的に提示したように思われる。図式的にまとめると次のようになる。すなわち、資本蓄積の進行→労働需要の増大→市場賃金の上昇→人口の増大→穀物需要の増大→劣等地の耕作の拡大→穀物価格の上昇→地代の増加と自然賃金の上昇→利潤の低下、というように。そして、究極的には、利潤(=〔全生産額−地代〕−賃金総額)がゼロとなるような定常状態が訪れるだろう。

【制度主義】

アメリカの異端派経済学者ソースタイン・ヴェブレンから始まると教えるのがふつうだが、ヴェブレンの「制度」は、もともと「思考習慣」という意味であった。ヴェブレンのあと、アメリカではウェズリー・ミッチェル、ジョン・コモンズなどの制度主義者が続いたが、とくに「個人行動を規制する集団行動」という意味で「制度」を定義したコモンズの流れは、アメリカのニューディール政策に影響を与えるなど注目すべき役割を演じた。ヴェブレンが「政策」にはほとんど関心を示さなかっただけに微妙な違いを押さえておきたい。

参考文献

吉川洋『高度成長』（中公文庫、二〇一二年）
根井雅弘『現代経済学講義』（筑摩書房、一九九四年）
下村治『日本経済成長論』（中公クラシックス、二〇〇九年）
J・K・ガルブレイス『ゆたかな社会』鈴木哲太郎訳（岩波書店同時代ライブラリー版、一九九〇年）
根井雅弘『ガルブレイス―異端派経済学者の肖像』（白水社、二〇一六年）
E・J・ミシャン『経済成長の代価』都留重人監訳（岩波書店、一九七一年）
根井雅弘『経済学の歴史』（講談社学術文庫、二〇〇五年）
Collected Works of John Stuart Mill, vol. 3: Principles of Political Economy, Books Ⅲ-Ⅳ, Liberty Press, 1965.
平川克美『小商いのすすめ』（ミシマ社、二〇一二年）
宇沢弘文『経済学と人間の心』（東洋経済新報社、二〇〇三年）
宇沢弘文『社会的共通資本』（岩波新書、二〇〇〇年）
A・マーシャル『経済学原理』全四巻、永澤越郎訳（岩波ブックセンター信山社、一九八五年）
吉川洋『いまこそ、ケインズとシュンペーターに学べ』（ダイヤモンド社、二〇〇九年）

第二章　バブルの宴のあと

わが国のバブル経済の特徴

バブル経済（一九八六年十二月から一九九一年二月まで）について書かれたものは枚挙にいとまがないのですが、わが国がバブルに浮かれていた頃の特徴については、真壁昭夫氏が次の三つにうまくまとめています。すなわち、「資産価格の高騰」「資産効果による経済活動の活発化」「享楽的・表層的な社会現象」がみられたというのです（「バブルに酔いしれた四年間から〝失われた20年〟へ」『エコノミスト臨時増刊　戦後世界史』二〇一二年十月八日号参照）。

いわゆる「プラザ合意」（一九八五年九月）によってドル高是正（円高誘導）が当時のG5（アメリカ、日本、イギリス、フランス、西ドイツ）の間で決まったあと、急激な円高が進行するようになりましたが、さすがに一年間で円の価値が倍近くになるほどの円高（一ドル＝二四〇円程度の為替相場が一ドル一四〇円台になった）は輸出産業に打撃を与えて、日本経済を深刻な不況に陥れることが懸念されました。日本銀行が五度にわたって公定歩合を引き下げ、二・五％という当時では「超低金利」政策をとったのも円高不況を回避するためでした。

ところが、史上空前の低金利は個人や企業の資金調達を容易にし、投機熱を醸成するという厄介な副産物をもたらしました。もっとも、低金利だからすぐ投機熱が生まれるとは限りません。だが、当時は株や不動産などの資産価格の「右肩上がり」を信じて疑わない雰囲気があったので、投機熱が醸成されやすかったといえるでしょう。金融機関も土地を担保にとれば安心して融資を拡大していきました。投機熱の醸成によって資産価格の高騰が始まりますが、いまでは誰もがよく知っているように、「宴」（バブル）の饗宴《きょうえん》のあとにはそれらの価格が暴落し、金融機関の融資は巨額の「不良債権」に化けてしまいました。バブル崩壊後の日本が「失われた十年（あるいは二十年）」と呼ばれるような時代に入ったのも周知のとおりです。

ガルブレイスの警告

バブルの隆盛と崩壊――これはアメリカの異端派経済学者ガルブレイスの一生を通じてのテーマでした。彼は早くも一九五四年に『大暴落１９２９』を公刊していますが、この本はアメリカで株価暴落が話題になるたびに何度も版を重ねてきました（日本語版は、村井章子訳、日経ＢＰ社）。アメリカの大恐慌を扱った本なので、日本の事情とはあわない点も少なくありませんが、それでもバブルの隆盛と崩壊という問題を考えるときに依然として示唆に富む名著だと思います。

バブルの宴に酔っているときは、誰もが儲《もう》かっていると思っていました。あとから冷静に考えれば、そんな時期がいつまでも続くはずがないのですが、そのような「当たり前」のことが忘れられるのがバブルという不思議な現象の特徴です。ガルブレイスは、『大暴落1929』の第一章「夢見る投資家」のなかで次のように書いています。

「一九二八年には金儲けの方法はまだいくらでもあった。これほどやすやすと財産を殖やせる時代はかつてなく、誰もがそれをよく承知していた。二八年は、アメリカ人が陽気に気ままにしあわせを謳歌《おうか》した最後の年だったのである。よすぎたので長続きしなかった、ということではない。ただ続かなかった。それだけのことである。

翌年のワールズ・ワーク誌一月号に、ウィル・ペインなる人物が執筆している。ペイン氏は驚異的だった前年を振り返ったのちに、賭博師と投資家の違いを説明するのだが、それによると、賭博師は誰かが損するから儲かるが、投資家は全員儲かるという。ゼネラル・モーターズ株を一〇〇ドルで買い、誰かに一五〇ドルで売る。その誰かは別の誰かに二〇〇ドルで売る。こうすればみんな儲かるのだそうだ。ウォルター・バジョットが言うとおり、「人は幸福なときほどだまされやすい」。」(村井章子訳)

たしかに、「人は幸福なときほどだまされやすい」というのは、古今東西「真理」かもしれません。日本では「右肩上がり」の神話がありましたが、これはガルブレイスがいう「時代の空気」とほとんど同じものだと考えてよいでしょう。彼の筆はこのような題材を扱うときに最も冴えています。

「金利や信用供給よりもはるかに重要な役割を果したのは、時代の空気である。大規模な投機が展開されるためには、普通の人でも金持ちになれるのだという楽天的で揺るぎない自信が行き渡っていなければならない。金持ちになるには他人の行動も関わってくるので、誰も自分に不利や不正は働かないという信頼感も必要だ。一九二九年には「市民は指導者を信頼していた。経営者をずるがしこい搾取者とみなす風潮もなくなっていた。上に立つ人の声は、ラジオを通じて聞くことができる。彼らの信念、大志、理想はまるで友人に話すように国民に語りかけられ、誰もがそれに親しんでいた」とチャールズ・A・ダイス教授は書いている。こうした無邪気な信頼感は、ブームに欠かせない条件である。人が用心深く悲観的で何事も疑ってかかり、カネにこまかいときには、投機熱は広まらない。」（村井章子訳）

実は、ガルブレイスは、アメリカで株式市場に投機的なムードが醸成されるたびに警告を与えてきたのですが、彼の警告はつねに無視されてきました。しかし、バブルはやがて崩壊します。もちろん、日本では旧大蔵省や日銀がバブル潰しを意図的におこなったという反論はありますが、いずれにせよ、破れないバブルはないのです。

フィッシャーとミンスキー

もっとも、ガルブレイスの「文明批評」的なバブル論に不満な人たちがいることもよくわかります。しかも、バブル経済のはるか前から、そのプロセスや崩壊などについて鋭い視点を提供していた経済学者が過去にいたとなればなおさらのことです。私が念頭に置いているのは、「負債デフレ論」を提示したフィッシャー（Irving Fisher, 1867-1947）と、ケインズ理論を発展的に継承した「金融不安定性仮説」で知られるミンスキー（Hyman Philip Minsky, 1919-96）の二人です。この二人は以前から問題の所在に気づいていた研究者には周知であったと言ってよいのですが、経済学の教科書のなかにはほとんど登場してきませんでした（フィッシャーの「貨幣数量説」だけは例外です）。ところが、最近では、クルーグマン（Paul Krugman, 1953-）のような著名な経済学者まで二人に触れるようになったので、状況はずいぶん変わったと思います。

フィッシャーの負債デフレ論は、それほど難しい内容ではありません。彼自身が「大不況の負債デフレ論」（一九三三年）と題する論文のなかでまとめているように、負債デフレは次のような連鎖で生じうるのです。すなわち、過剰債務→債務の清算と投げ売り→預金通貨の減少と貨幣の流通速度の低下→物価水準の下落→企業の純資産価値のさらに大きな低下と破産→利潤の低下→企業の生産・販売・雇用の削減→悲観論と自信の喪失→買い控えとよりいっそうの貨幣の流通速度の低下↓利子率の攪乱《かくらん》（名目利子率の低下と実質利子率の上昇）、というように。

フィッシャーは、もちろん、アメリカの大恐慌を念頭に置いてこのような理論を提示したのですが、このような連鎖はバブルの崩壊のあとにはどこの国でも十分に生じうることです。それゆえ、フィッシャー理論の支持者たちが、このような「悪循環」を断ち切るためにリフレ政策を支持しているのも肯《うなず》けます。ただ、ガルブレイスが何度も書いてきたように、フィッシャーは、一九二九年の株式大暴落を予見できず、その後も何度か誤った判断を示したので、好意的に解釈して、負債デフレ論はその過ちの反省の上に構成されたと言えるかもしれません。

もう一人のミンスキーは、アメリカでは「異端」の烙印《らくいん》を押される「ポスト・ケインジアン」ですが、彼の金融不安定性仮説は長いあいだ正統派経済学からは正当な評価を受けてきませんでした。ところが、いまやクルーグマンでさえ、ミンスキー理論の先見性を認めるようになっています。クルーグマンは、あるところで次のように書きました（『さっさと不況を終わらせろ』山形浩生訳、早川書房）。

「でも最近では多くの経済学者は、このぼくも大いに含め、ミンスキーの「金融不安定性仮説」の重要性を認識するようになっている。そしてミンスキーの著作を比較的最近になって読み始めた人々は、またこのぼくも含め、もっとずっと前に読んでおけばよかったと思っている。ミンスキーのすごい着想は、レバレッジに注目したことだ——つまり、資産や所得に対して負債がどれだけ積み上がっているかというものだ。彼の議論では、経済安定期にはレバレッジが上昇する。みんな、貸し倒れのリスクについて不注意になるからだ。でもレバレッジ上昇はいずれ経済不安につながる。それどころか、これは金融危機や経済危機の温床となってしまうのだ。」（山形浩生訳）

ミンスキーを含めて「ポスト・ケインズ派経済学」の研究者はアメリカよりも日本のほうが多いので、「何をいまさら」という感想をもった人もいるかもしれませんが、それでも、現代の経済学界の世界的スターがミンスキーに言及した影響は決して小さくないと思います。以下、もう少しミンスキー理論の紹介を続けましょう。

ケインズを発展的に引き継ぐ

前に、ミンスキーがケインズ理論を発展的に継承し、金融不安性仮説に到達したと触れましたが、それはこういう意味です。ミンスキーは一九七〇年代半ばケインズ理論の解説書を公刊していますが、この本は、単なるケインズ理論の「解説」というよりは、ケインズが明示的に取り上げなかった問題をみずからのアイデアで「補足」することによって、ケインズを語りながら実はミンスキー自身を語っているというユニークなものです（日本語版は、堀内昭義訳、岩波書店）。

ミンスキーは、ケインズ理論の革新性を高く評価しながらも、彼が企業金融の内部、とくに債務構造にまで踏み込まなかった点は改善の余地があると解釈しています。彼は次のように述べています。

「資本主義経済における根本的な投機的意思決定は何かと言えば、それは企業、家計、あるいは金融機関が通常の生産活動から期待されるキャッシュ・フローのうち、どれだけを債務の利子支払いおよび元本の返済のためにとっておくかにかかわる意思決定である。債務（負債）は資産保有のポジションを融資するために――その購入代金を支払うために――発行される。……企業は、これらの契約を締結するにあたって、どのような場合に返済ができるのか、また、どのような場合に返済ができなかったり、高い費用を負担してのみ返済できるかを念頭に置いている。資産を保有するために、ある債務構造を選択する企業は、将来における経済状況が現金支払いの契約の履行を許すようなものであろうと読んでいるのである。つまり、企業は不確実な将来の賭の目は、自分たちに都合のよいものであろうと推測しているわけである。債務契約は契約条項の他の部分で貸手の利益を保証しているかもしれない。しかし、たとえそのような場合でも、債務を購入する貸手も、借手企業とならんで、現金支払いの契約が守られるだろうという賭を行っているのである。幾重にも重なった金融構造においては、債務を購入している貸手自身が債務をかかえているのである。そしてその債務を返済できる能力は、それが保有する資産、つまり他者の債務から受け取るキャッシュ・フローに依存している。」（堀内昭義訳）

このような視点から、のちの著作のなかで、ミンスキーは資金の借り手としての企業の金融ポジションを三つに分けていますが、その際のメルクマールは、借り手の金融債務から生じる元本の返済＋利子の支払い（債務返済のキャッシュ・フロー）が、借り手の生産活動などから生じると期待されるキャッシュ・フローと比較して大きいか小さいかということです（『投資と金融』岩佐代市訳、日本経済評論社）。後者が前者よりも大きいとみなされるかどうかに応じて、健全性の順に、「ヘッジ金融」「投機的金融」「ポンツィ金融」の三つが区別されます。そして、好況から不況へという景気の波とともに、金融ポジションも上から下へと移行するにつれて、やがて金融危機（あるいは「ミンスキー・モーメント」）の瞬間が近づくことになるのです。

ミンスキー理論は、このようにケインズ理論に欠落していた債務構造という視点を明示的に導入し、資本主義経済が景気循環を伴う金融不安定性にさらされやすいという「仮説」を提示しましたが、少なくともケインズを論じた本のなかでは、ミンスキーはみずからの独創性を誇ることなく、これこそがケインズが展開したかったアイデアなのだと強調していました。例えば、次のように。

「われわれの議論の結論は、標準的ケインズ派理論に欠けているのは、資本主義経済における金融メカニズムを景気循環と投機という文脈において明示的に考慮することだったということである。資本家の金融行動が導入され、経済の様々な状態における（関連しあっているバランス・シートにおいて表示される）キャッシュ・フローの推移を明示的に検討すれば、ケインズが展開した革命的な洞察と、彼の分析枠組のもっている大きな力がただちに明らかになるのである。」（堀内昭義訳）

クルーグマン以上にラディカル

クルーグマンのミンスキーへの言及は、このような彼のアイデアの核心に触れていないのが残念ですが、さらにもしクルーグマンがフィッシャーとあわせてミンスキーを使いながらリフレ政策のほうへもっていこうという意図ならば、フィッシャーはともかく、ミンスキーにとっては本意ではないでしょう。というのは、異端派のポスト・ケインジアンとして、ミンスキーは「民間企業の債務構造の規制」のようなもっとラディカルな改革を提唱しているからです。彼は次のように述べています。

「しかし、新しいケインズ解釈によれば、適切な対策を講じることによって、われわれは今よりももっと良い実績をあげることができる。もっと良い結果を生み出すためには、第一に、民間企業の債務構造を規制する必要がある。投資および資本ストックの保有（ポジション）のための借入資金調達は規制されねばならないだろう。大規模企業についてはとくにそうである。

加えて、目に見える利益を生み出さないような民間投資、および政府投資、つまり軍事的投資に高度に依存することは改められるべきである。労働者と貧しい人々の所得が、豊かな人々の所得増加の「おこぼれ」の結果として増加するような政策に代わって、貧しい人々の所得が直接に維持され増加し、豊かな人々が偶然の結果として生み出されるような新しい政策が採用されるべきである。」（堀内昭義訳）

リベラル派を自認するクルーグマンも、ここまではラディカルではないと思います。ミンスキーがアメリカのエスタブリッシュメントに受け容れられなかったゆえんです。

ケインズの「不確実性」の考え方

さて、これまでケインズ理論そのものに触れることを控えてきましたが、やはり少しは補っておく必要があるでしょう。もちろん、ミンスキーが指摘したように、ケインズは債務構造にまでは踏み込まなかったし、景気循環について体系的な理論を提示したわけでもありません。だが、「不確実性」に焦点を合わせた幾つかの示唆はみられます（『雇用・利子および貨幣の一般理論』塩野谷祐一訳、東洋経済新報社）。

ケインズの「有効需要の原理」では、投資決定理論が一つの重要な核を占めますが（なぜなら、投資が決まればそれと等しい貯蓄を生み出すところに所得を決めるからです）、ケインズは、不確実性の世界では利子率と比較して「資本の限界効率」（予想利潤率）が激動しやすいことが投資の変動の主因であると考えていました。それゆえ、ブームの崩壊の原因も、資本の限界効率の崩壊に求められます。

「過度に楽観的な、思惑買いの進んだ市場において幻滅が起こる場合、それが急激なしかも破局的な勢いで起こることは、組織化された投資市場の特質である。そこでは、買い手は自分の買っているものについてまったく無知であるし、投機家は資本資産の将来収益の合理的な推定よりもむしろ市場人気の次の変化を予測することに夢中になっている。その上、資本の限界効率の崩壊にともなう狼狽《ろうばい》と将来についての不確実性は、当然に流動性選好の急激な増大を促す——そのため利子率の上昇が起こる。」（塩野谷祐一訳）

ケインズは、さらに資本の限界効率の崩壊が株価の暴落を通じて消費性向に不利な影響を与えることを指摘していますが、これはいわゆるマイナスの資産効果と言い換えてよいでしょう。彼はウォール街を念頭に置いて次のように書いています。

「ところで、このことは、株式取引所の投資物件に積極的な利害関係をもつ階層に対して、とくに彼らが借入資金を使っている場合には、当然のことながらきわめて大きな抑圧的影響を与える。おそらく、これらの人々は、彼らの所得の状態よりも彼らの投資物件の価値の騰落によってより多く支出志向に影響を受けるであろう。今日の合衆国に見られるような「株式熱の旺盛な」人々にとっては、株式市場の活況が満足な消費性向のためのほとんど不可欠な条件となるであろう。最近に至るまで一般に見逃されてきたこの事情は、資本の限界効率低下の抑圧的な効果をさらにいっそう激化するのに明らかに役立っている。」（塩野谷祐一訳）

このような視点を発展的に継承したのがミンスキーといってもよいし、対策として単なるリフレではなく、根本的な思想としての自由放任主義に疑問を投げかけているのが最もケインズらしいところだといってもよいでしょう。

ケインズいわく、「かくして、現在見られるような形で組織化され機能している市場のもとでは、資本の限界効率の市場評価は、利子率をそれに対応して変動させることによって十分相殺できないほどの大幅な変動を蒙《こうむ》ることがある。その上、株式市場においてはそれに対応して起こる変動は、すでに見たように、まさに消費性向が最も要請されるときに、消費性向を抑圧するのである。したがって、自由放任の状態においては、雇用の大幅な変動を除去することは、投資市場の心理に想像を絶するほどの徹底した変化がないかぎり不可能であるかもしれない。現行投資量を決定する義務を個人の手にゆだねておくことは安全ではないというのが、私の結論である」と（塩野谷祐一訳）。

繰り返されるバブルの歴史

しかし、バブルの歴史を繙《ひもと》いてみると、過去の優れた経済学者たちがその危険性を示唆していたにもかかわらず、何度も同じような経験を繰り返していることがわかります。そこには、単なる経済理論では説明できない要因があるとしか思えないのです。そこで、再びガルブレイスを登場させて、バブルの教訓のようなものを語ってもらいましょう（『バブルの物語』鈴木哲太郎訳、ダイヤモンド社）。

バブルの歴史に精通していたガルブレイスは、そこから何らかの経験則を引き出そうとしています。

第一は、「金融に関する記憶は極度に短い」ということです。過去には、何度も大きなバブルやその突然の崩壊を経験していますが、「喉もと過ぎれば熱さ忘れる」で、金融の世界では、それが驚くほど早く忘れられるというのです。

第二は、「金と知性とが一見密接に結びついているかのように思われている」ことです。資本主義の世界では金が成功の尺度とみなされやすいので、お金をたくさん持っている者が自信たっぷりに振る舞うことがよくあります。しかし、それが本当に事実かどうかは、もっと子細に調べてみなければわからないものです。「金融の天才」といわれる人もその例外ではない、とガルブレイスは言っています。

「投機が崩壊した後になって初めて真相が露《あら》わになる。類まれな機敏さであると考えられていたものは、実は偶然かつ不幸にも資産を動かしていただけのことであると判明する。史上多年にわたって言えることであるが、このように見損なわれた人――彼らが自分自身を見損なっていたことも通例であるが――のなれの果ては、非難の的となったあげく、恥辱を受け、または隠《いん》遁《とん》生活に沈むことである。あるいはまた、追放されたり、自殺したりする。また近年では、多少は居心地の悪い刑務所へ入ることもある。「崩壊の前には金融の天才がいる」という一般論がここで繰り返し見られるのだ。」（鈴木哲太郎訳）

根強い「市場信仰」

それにもかかわらず、歴史上「投機のエピソード」は何度も繰り返されてきましたが、ガルブレイスは、その背後には「市場信仰」ともいうべき神学的な理由があるのではないか、と疑っています。

「自由企業制の立場・教義において広く認められているところによれば、市場は外部的な影響を中立的かつ正確に反映するものだとされている。市場自体に過ちの種が内蔵されていて、その内部的な力で市場が動かされる、というふうには考えられていない。これは古典的な信仰である。したがって、崩壊の原因として、市場の外部にある何か――それがいかにこじつけであるにせよ――を見つけ出す必要が生じる。あるいはまた、何らかの形で市場が濫用され、そのために市場の正常な働きが抑えられた、と説明する必要が生じるのだ。」（鈴木哲太郎訳）

例えば、一九八七年の株式市場の暴落のときは、連邦予算の赤字のような「外部」に原因があったと主張されたようにと。しかし、もし「市場信仰」がガルブレイスがかつて『ゆたかな社会』（一九五八年）で名づけた「通念」（conventional wisdom）だとしたら、その通念は「事実の進行」によって是正されないのでしょうか。ところが、どうやら、「金融に関する記憶は短い」という特徴にもあるように、「市場信仰」は「事実の進行」ではすぐに消滅しないほどの強靱《きょうじん》な生命力をもっているようなのです。

高度な懐疑主義

それでは、「投機のエピソード」に巻き込まれないようにするにはどうすればよかったのでしょうか。ガルブレイスは、「高度な懐疑主義」以外に予防策はないと言っています。

「現実には、唯一の矯正策は高度の懐疑主義である。すなわち、あまりにも明白な楽観ムードがあれば、それはおそらく愚かさの表れだと決めてかかるほどの懐疑主義、そしてまた、巨額な金の取得・利用・管理は知性とは無関係であると考えるほどの懐疑主義である。ここで、個人投資家ならびに――言うまでもないが――年金基金その他の機関ファンド・マネージャーが指針とすべき絶対確実な準則の一つを示すことにしたい。すなわち、金と密接にかかわっている人たちは、ひとりよがりな行動や、ひどく過ちに陥りやすい行動をすることがありうる、さらにはそういう行動をしがちである、ということである。」（鈴木哲太郎訳）

ガルブレイスがこのように書いてからも、「投機のエピソード」は続いたし、これからも続くでしょうが、彼が言いたかったのは、「市場信仰」を奉じる経済学者が「自己満足」に陥って現実を直視しなくなったということではないでしょうか。

私はいま吉川洋氏が「新古典派経済学の「終着駅」」と呼んだ「リアル・ビジネス・サイクル理論」のことが念頭にありますが（『ケインズ』ちくま新書、一九九五年）、この理論は、かいつまんで言えば、現実はつねにパレート最適で、失業率が高かろうが低かろうが「自然失業率」の推移として景気循環を捉えられるので、政府の不況対策などは必要ないというモデルです。しかし、そのモデルがいかに立派な数学で武装されていようとも、「現状追認」の「自己満足」に陥りやすい傾向があります。ガルブレイスは、はるか前から、このようなモデルが流行する可能性を予知していたのかもしれません。

＊＊＊

【ポスト・ケインジアン】

ケインズの『一般理論』が現代マクロ経済学の基礎を築いたことはよく知られているが、ケインズ亡きあと、アメリカのケインジアンの大部分は、総需要管理政策の必要性を論証したケインズ理論の貢献は認めながらも、完全雇用になれば市場メカニズムが有効に働き出すので新古典派経済学が復活すると考えるようになった。サムエルソンの「新古典派総合」がこの立場を代表しているので、「新古典派総合ケインジアン」と呼ぶ研究者もいる。しかし、ケインズの愛弟子を含むイギリスのケインジアンのなかには、このようなケインズと新古典派との妥協を排し、ケインズ経済学の思考法をもっと徹底的に追究しようとする立場が台頭した（例えば、ジョーン・ロビンソン、ニコラス・カルドア、リチャード・カーンなど）。彼らを「ポスト・ケインジアン」と呼んでいるが、アメリカにも、ミンスキーやポール・デヴィドソンなど少数ながらこの立場に同調する経済学者がいる。

【金融不安定性仮説】

ミンスキー自身は、この仮説を次のように説明している。

「金融不安定性は多くの経済主体が非常用の現金源泉に手をつけようとするならいつでも生起しうる。非常用の現金源泉がどのような条件のもとで利用できるかが金融的不安定性の引き金の条件を規定する。たとえば金融機関を例にとると、その資産ポジションがどのような条件で流動化しうるか（すなわち、取り崩したり、売却したりできるか）ということである。負債に比して所得のキャッシュ・フローの大きさが適切であるかどうか、保有ポジションの大きさに比して借替え金融の可能性が適切に利用しうるかどうか、および優遇金融資産に対する非優遇金融資産の比率の大きさがどの程度であるかなどが金融システムの安定性を決定する要因である。金融的不安定性が生起するかどうかの可能性は、金融的不安定性を決定する上記諸要因の動向や発展の傾向に依存して変化する。」（『投資と金融』、岩佐代市訳、ただし傍点は外した）

金融不安定性を除去することは容易ではないが、ミンスキーは、「民間企業の債務構造の規制」をケインズの「投資の社会化」に類似のアイデアと見なしているようである。

「経済を組織する際の基本的なディレンマは分権的金融市場に付随する不安定性を回避し、かつ分権的意思決定がもつ活力と弾力性をいかに保持するかという点にある。ケインズの解答——すなわち、投資の社会化 socialization of investment——は、最も資本主義的な経済過程の金融と費用のかさむ資本資産の保有とを民間の負債市場から排除し、これによって金融的不安定性を消滅させないまでも緩和する方法ではありうる。というのは、資本集約的な投資の金融を民間に代わって政府が行えば、民間企業の負債構造は制約されることになるし、資本主義経済の不安定領域を縮小することもできるであろうからである。」（岩佐代市訳）

【通念】

この言葉は、ガルブレイスの『ゆたかな社会』のなかで、やや詳しい説明がなされている。

「通念は世界を解釈するためのものである筈なのに、前に述べたように、通念はそうした世界に適応するのではなく、聴衆の世界観に適応する。世界は変化するのに、大衆は安易で慣れたものに執着するので、通念はいつも陳腐化する危険にさらされている。このことが直ちに致命的となるわけではない。通念が致命的な打撃を受けるのは、陳腐化した通念を明瞭に適用できないような不慮の事故が起こって、通念では処理しえないことがはっきりしたときである。現実との関係を失った観念は、おそかれ早かれこうした運命に見舞われざるをえない。このようなときには、通念の不当なことが誰かによって劇的に誇張されることがよくあるものだ。通念をくつがえして新しい観念を設定した功績は、こういう人に与えられる。実際は、彼は、重要なことにはちがいないが、事実が明瞭にしたことを言葉に結晶させたにすぎないのだ。一方、ナポレオンの親衛隊（オールドガード）のように、通念は死んでも降伏しない。非妥協的な惨酷

さをもった社会ならば、それまで賢者とされてきた代表的な人物を無用な老いぼれとして扱うこともあろう。」（鈴木哲太郎訳）

この言葉は、もう少し深読みすると、経済学界で一般的に「真理」とみなされている観念を意味すると解釈してもよいだろう。私は、ガルブレイスがあるインタビューのなかで使った「制度的真実」という言葉を好んでいるが、いずれにせよ、異端派ガルブレイスの仕事は、「消費者主権」を批判した『ゆたかな社会』の「依存効果」のように、つねに「通念」を打破しようとする問題提起の形をとっていた。

参考文献

ジョン・K・ガルブレイス『大暴落1929』村井章子訳（日経BP社、二〇〇八年）
奥村洋彦『現代日本経済論』（東洋経済新報社、一九九九年）
服部茂幸『危機・不安定性・資本主義』（ミネルヴァ書房、二〇一二年）
Irving Fisher, "The Debt-Deflation Theory of Great Depression," *Econometrica*, vol. 1, no. 4 (Oct.,1933)
ポール・クルーグマン『さっさと不況を終わらせろ』山形浩生訳（早川書房、二〇一二年）
H・P・ミンスキー『ケインズ理論とは何か』堀内昭義訳（岩波書店、一九九九年）

H・P・ミンスキー『投資と金融』岩佐代市訳（日本経済評論社、一九九八年）
J・M・ケインズ『雇用・利子および貨幣の一般理論』塩野谷祐一訳（東洋経済新報社、一九八三年）
ジョン・K・ガルブレイス『バブルの物語』鈴木哲太郎訳（ダイヤモンド社、二〇〇八年新版）
吉川洋『ケインズ』（ちくま新書、一九九五年）
J・K・ガルブレイス『ゆたかな社会』（岩波書店同時代ライブラリー版、一九九〇年）
根井雅弘『ガルブレイス—異端派経済学者の肖像』（白水社、二〇一六年）

第三章　競争とは何か

完全競争

経済学ではよく「競争」という概念が使われますが、実は、この言葉はこれまで多様な意味をもたされてきました。この章は、過去の経済論争の例も取り上げてそれを説明していきたいと思いますが、まずは、経済学の教科書で「競争」という概念がどのように定義されているか振返っておきましょう（この章は、拙稿「思想史からみた日本経済論」『ちくま』二〇一二年十二月号の内容に修正・加筆を加えたことをおことわりしておきます）。

経済学の入門書を繙《ひもと》くと、「完全競争」という概念が必ず登場します。何をもって「完全」と呼ぶのかは見解が分かれるかもしれませんが、標準的な経済学教科書では次のように定義されています（西村和雄『ミクロ経済学入門』岩波書店、一九八六年）。

「(1)同種類の財を作る企業の生産物は同質である。(2)家計・企業は多数存在し、個々の取引量は全体に比べて十分小さい。(3)個々の家計・企業は、その行動を決定する際に、他の家計・企業に与える影響を考慮しない。(4)個々の家計・企業は、市場価格や財の特性について完全な情報をもっている。(5)長期的には企業による市場への参入・退出は自由である。」

経済学では、この五つの条件を満たしたものを「完全競争」と呼び、どれかが欠けていくうちに「不完全競争」の度合いが高まり、「寡占」そして最後には「完全独占」に到達すると教えています。このような初歩的な知識は入門段階で学ぶので、これ以上繰り返すことは控えましょう。ただし、現代経済学の歴史では、少なくとも純粋理論に関する限り、完全競争モデルが支配的であった時期が長く続いたことだけは押さえておかなければなりません。完全競争を仮定したときの一般均衡解の存在証明を厳密に成し遂げたのは、アロー(Kenneth Joseph Arrow, 1921-2017)とドブリュー(Gerard Debreu, 1921-2004)の論文「競争的経済にとっての均衡の存在」(一九五四年)なので、百年単位でものを見ることが多い思想史家にとってはそれほど古い話ではありません。

ところが、困ったことに、現実には完全競争が近似的にも成り立つような市場は第一次産品を除けばほとんど存在しないのも事実なのです。そこで、あるひとは「有効競争」(J・M・クラーク)という言葉を使い始め、のちに「産業組織論」と呼ばれる分野を確立するのに功のあったべイン（Joe Staten Bain, 1912-91）がその概念を明確にしようとしたという経緯があります。このような知識は、現代経済思想史における常識であるばかりでなく、例えば戦後日本経済史における大問題の一つだった一九六〇年代末の大型合併論争（富士・八幡製鉄の大型合併問題が典型的だった）を振り返るときにもなくてはならないものです。

近代経済学者の意見書

最近では、経済学者やエコノミストがマスコミに登場する機会も頻繁になったので想像しにくいかもしれませんが、「非マルクス経済学者」という意味での「近代経済学者」が大型合併問題のような重要な経済問題に対して「意見書」という形で一団となって一般社会に広くアピールするような問題提起をした例はきわめて稀でした。例えば、近代経済学者グループの一人だった内田忠夫氏（当時、東京大学教授）は、「学者グループの「大型合併についての意見書」解説」（『財経詳報』一九六八年年七月二十二日号）と題する文章を発表しましたが、その中には意見書そのものも再録されています。その主張の核心は、冒頭の部分に表れているので、一部を引用してみましょう。

「われわれは経済学者として、八幡・富士および王子系製紙三社のいわゆる「大型合併」問題の過程を、重大な関心をもって見守ってきた。しかし最近のこの問題の経過は、われわれにとって黙過すべく余りにも重大なものを感じさせるにいたっている。われわれはこの際以下のようなわれわれの考えを公にし、この問題の公正な検討を改めて促したいと考える。

企業間の競争は、単に資源の最適配分を達成するばかりでなく、技術革新や経営のたえまない革新を促進することによって、経済発展の原動力としての役割を果す。戦後日本の経済発展も、旧財閥が解体され独占禁止法が実施されたことを一つの重要な転機として、競争が活発に行なわれたことに負うところが、きわめて大きい。もしもかりに現在の独占禁止法を変更または有名無実化することによって、さまざまの競争制限や私的独占を認めようとするならば、このような日本経済の原動力はついには衰退し、今後の日本の経済社会の健全かつ民主的な発展は重大な障害に直面するものと思われる。できるかぎり競争条件を確保するということは独占禁止法の精神でもあるが、それはまた発展する経済の基本的原則でなければならない。」

ここで留意しなければならないのは、「競争原理」が「資源の最適配分」を達成するためばかりでなく、「技術革新や経営のたえまない革新」（シュンペーター流に一言でいえば「イノベーション」のこと）を促進するために必須であることが強調されていることです。近経グループの中心の一人だった内田氏も、前に触れた「解説」のなかで、「ここでは競争は技術革新の導入をも含んだ経済発展を根本から推進する力というふうに考えられている。したがって、われわれが訴えた競争原理の堅持ということは、経済の発展ということとうらはらをなす問題である。結局は日本経済の最も望ましい発展が一般には競争によってもたされるということにつきるわけである。これに対していわゆる大型合併は、われわれの意見では、このような一般的な競争原理から離れ、かつ、望ましくない方向に経済の組織を持っていくおそれが大きいという点である」と繰り返し強調しています。

「イノベーションの促進」までは言えない

厳密に言えば、静態的な一般均衡理論では完全競争が「資源の最適配分」を達成することを証明することはできますが、それがイノベーションを達成するために不可欠であることは明確には言えません。けれども、内田氏や有効競争論を説く人たちは、それがなんとか後者の達成のためにも必要だという含意を読み込もうとしていました。前に名前を挙げたベインも、一九五〇年の時点で次のように述べていたのです。

「競争が有効なのは次のような場合である。すなわち、生産効率が達成可能な最良の状態にかなり近づいていること。産業の産出量が資源の良好な配分と一般に両立する水準よりも非常に低く制限されたり、またその水準よりをはるかに超過したりしていないこと。資源の過剰な割合が販売促進努力のために使われていないこと。利潤となる所得の割合が必要以上に著しく高くはないが、投資に報酬を与え、社会的に望ましいイノベーションを誘発するためにも十分に高いこと。そのようなイノベーションのための機会が甚だしく無視されず、価格が景気循環の問題を著しく激化しないような仕方で循環的変化に対して反応すること。以上である。」

しかし、現時点で振り返ると、ベインが（そして近経グループも）有効競争論のなかにあまりも多くのものを詰め込みすぎている感は免れないように思います。繰り返しになりますが、純粋理論に関する限り、静態的な一般均衡理論で証明できるのは、「競争原理」が「最適な資源配分」を達成するということだけであり、イノベーションを促進することまでは明確に言えないからです。

実際、イノベーションとともに語られることの多いシュンペーターも、静態的な一般均衡理論をきわめて高く評価し、みずからの静態論のなかに組み込む一方で、イノベーションはそれによって静態が破壊される動態論の文脈においてのみ登場すると考えました。それゆえ、動態論の文脈のなかで静態的な一般均衡理論で仮定された競争概念（「完全競争」にせよ「不完全競争」にせよ）を使うことを拒否しています。動態論では企業者のイノベーションをめぐる競争こそが最も重要であり、静態論の枠組みのなかで議論された価格競争や品質競争などは二次的な問題に過ぎないからです。有名な「創造的破壊」という言葉は、動態論が静態論とは質的に異なる世界であることを端的に表現したものですが、『資本主義・社会主義・民主主義』（一九四二年）のなかには、この問題に対する重要な示唆を発見することができます（日本語版は、中山伊知郎・東畑精一訳、東洋経済新報社）。

「だが教科書的構図とは別の資本主義の現実において重要なのは、かくのごとき競争［生産方法が不変な条件の下での競争のこと］ではなく、新商品、新技術、新供給源泉、新組織型（たとえば支配単位の巨大規模化）からくる競争である――この競争は、費用や品質の点における決定的な優位を占めるものであり、かつまた現存企業の利潤や生産量の多少をゆるがすという程度のものではなく、その基礎や生存自体をゆるがすものである。したがってこの種の競争は他のものに比してはるかに効果的である。それは、あたかも砲撃がドアを手でこじあけるのよりもはるかに効果的であるのに等しい。したがって普通の意味での競争がいくぶん迅速に機能するか否かは、どちらかといえばたいした問題ではなくなる。というのは、結局において生産量を拡大し、価格を引き下げる強力な槓杆《こうかん》は、いかなる場合にも他の材料で作られているからである。」（中山・東畑訳、ただし［ ］内は引用者が補った）

シュンペーターの思考

しかし、このようなシュンペーターの考え方は、一九六〇年代に主流であった経済学（サムエルソンによって提唱された、新古典派とケインズの融合を図った「新古典派総合」）においては全く異端派的でした。それにもかかわらず、近経グループのなかにも、自分たちの主張の理論的基礎が確固たるものではないことに気づいていた人もいたように思われます。例えば、今井賢一氏（当時、一橋大学助教授）は、大型合併論争の一年後に次のようなことを述べています。

「生命力のある大企業は、激しい競争の過程を通じてのみ生み出されるという一点である。われわれが八幡・富士の合併に強く反対せざるをえなかったのは、もちろん競争制限のおそれからであるが、一方では合併がこのような基本的な考え方に反するからである。「激しい競争こそ、生命力に満ちた大企業が発展するための前提条件である」ということをだれも直観的には理解している。しかし、果たして経済学でこの種の命題を証明しているか自問してみると、肯定的には答えにくいのである。」（「大型合併と日本経済の課題」『エコノミスト』一九六九年十一月十一日号、傍点は引用者による）

今井氏の問題意識はシュンペーターのそれと遠くないところにまで近づいていますが、シュンペーターが他者と決定的に違うのは、イノベーションの遂行のためには小企業よりも大企業のほうが優位に立っていることを積極的に肯定していることです。

イノベーションは、経済の分野における新しい可能性を誰よりも早く見抜いた企業者が真っ先に導入に成功するものですが、その「企業者」の担い手は「競争的資本主義」の時代の小企業である必要はなく、「トラスト化された資本主義」の時代の大企業であっても全くかまわないのです。というよりも、イノベーションに最初に成功するのは極端に言えば一つの企業ですから、その段階では独占的な地位を占めるでしょう。その独占的地位は、模倣者たちが大量に出現するまで続きますが、いずれにせよ、その間は完全競争はいうまでもなく有効競争の条件さえ満たさない特権を享受することになります。

しかし、その独占的地位は、政府によって保障されたものでない限り、いずれは模倣者という競争者が大量に現われることによって消滅するという意味で「一時的」なものです。シュンペーターの表現を借りれば、「とくに製造工業においては、独占的地位は、一般にけっしてそこに安眠すべきベッドのごときものではない」のです。

それゆえ、シュンペーターの思考法は、企業規模が大規模化することが即「望ましくない」というような考え方とは相容《あいい》れません。それどころか、シュンペーターは、「大規模組織」または「大規模支配単位」が「個々の場合や個々の時点をとってみれば、きわめて［生産］制限的にみえるのであるが、それにもかかわらず、否、相当程度まではこれによって大規模組織が経済進歩、とりわけ総生産量の長期的増大のもっと強力なエンジンとなってきた」とまで力説しています。

大規模企業＝望ましくない？

ただし、何度もいうように、シュンペーター的思考法は、一九六〇年代の主流派経済学にとっては全くの「異端」の思想でした。先ほど名前を挙げたベインは、その頃までには産業組織論の体系化に成功していましたが、その核心には「市場構造」「市場行動」「市場成果」パラダイムと呼ばれているものがありました。そのパラダイムによれば、「市場構造」（売り手または買い手の集中度、新規企業の参入の難易度、製品差別化の程度）が「市場行動」（企業の価格政策、製品政策、競争相手に対する反応政策など）を決め、「市場行動」が「市場成果」（価格・費用関係と利潤率、生産の技術的効果、成長率など）を決めるので、良好な「市場成果」を引き出すためには、独占的行為や独占的行動をできるだけ排除しなければならないというのです。

実際、「反トラスト法」（日本でいう独占禁止法）をきわめて厳格に適用してきたアメリカでは、アルコア事件の判例（一九四五年）のように、企業が大規模であることが即「望ましくない」と判定されていました。すなわち、たとえ独占的行為がなくとも独占的構造があるだけで不法の宣告を受けたわけであり、その頃のアメリカの司法当局がいかに厳格に反トラスト法を適用してきたかがわかるでしょう。この考え方に従えば、もちろん、八幡・富士の大型合併は当然「望ましくない」ということになります。

「規模の経済」とナショナリスティックな感情

ところで、そもそも、当時の日本の財界（当時の通産省を含めてもよい）は、大型合併問題に関しては、「目前に迫った資本自由化」を乗り切るために、大型合併によって体力のある大企業をつくり、過当競争の排除、「規模の経済」によるコスト削減、イノベーションの促進などを図ろという立場をとっていました。『時事講演会』（一九六八年五月二日）の座談会「急展開する産業再編成」に出席した永野重雄氏（当時、富士製鉄社長）と河野文彦氏（当時、三菱重工業社長）の発言をみれば、両者ともにこのような問題意識をもっていたことは明白です。例えば、河野氏は次のように発言しています。

「たとえば鉄鋼、造船、自動車は海外の資本の侵入、貿易の伸長という点から、どうしても合併することによって競争力をつけていくという方向が考えられる。そういう点からいえば、必ずしもいま公取委が考えているシェア三〇％の線に押さえるという必要はないと思う。もっとも業種によっては、合併後に管理価格などの問題が出てくるのを重視するという必要もあるかと思う。とにかく重工業などは国際競争力の強化が第一の目標だから、こういうものに対してあまりやかましくいわないでほしい。八幡、富士の合併もそういう見地からとり上げていただいていいのではないか。」

河野氏は将来における「持株会社」制度の導入にまで言及していますが、いまその問題に立ち入る余裕はありません。ここでむしろ注目したいのは、永野氏が素朴ではあるがナショナリスティックな「感情」（あえてこの言葉を使いますが）から次のように発言していることです。

「私はこういう疑問を持っている。つまり終戦によって、日本の国力は弱めた方がいいといった考えがとられ、それが現在もろもろの制度の中に残さいとして一部残っている面もあるようだ。弱めるためにとった措置は、裏を返すともとに戻せば力が強まるわけだから、三菱重工の場合でも、八幡、富士の場合でも同じことがいえるのじゃないか。」

実は、財界ばかりでなく、官界にも多少は洗練されているものの同じような「感情」を共有していた人がいました。のちに、『エコノミスト』（一九七六年六月二十九日号）の連載「戦後産業史への証言」に林信太郎氏（当時、通産省官房付・元立地公害局長）が登場しますが、林氏は、聞き役の伊東光晴氏（当時、法政大学教授）に対して近経グループとの論争を次のように回顧しています。

「館《たち》龍一郎さんも小宮（隆太郎）さんも、「アメリカで余っている資本が日本へきて、相対的に余っている労働と結合して、新しい生産活動をやる。それでアウトプットができる、賃金、雇用が確保される。利潤ができる、こんないいことをなんで日本は反対するんだ」と、こうおっしゃる。

「それじゃ日本で余っている労働が自由にアメリカへいったらどうですか。アメリカの余っている資本と結合して、アウトプットがふえ、賃金と利潤はできるじゃありませんか。日本人なら、なぜレーバーの自由化をアメリカに対していわんのですか、国籍を疑います」ということをはっきりいった。マル経の先生方には理解していただいたようです。
私はあのときは本当に、日本人として日本の立場を大局的かつ公正な見地から主張してもらいたかった。アメリカが一方的なことをいっとるのに、なぜアメリカにアピールしないのだろうかと思った。」

競争可能（コンステタブル）な市場

このように近経グループは、一部の例外を除いて、財界や官界と対立する関係にあったのですが、留意すべきは、その後の産業組織論や経済理論の発展はそのようなステレオタイプ化した対立を解消する方向に向かったことです。ここで私が念頭に置いているのは、アメリカの経済学者ボーモル（William Baumol, 1922-2017）たちが提示したコンテスタビリティ理論のことです（『コンテスタブル（競争可能な）市場と産業構造の理論』一九八二年）。

この理論によれば、たとえ市場占有率が高かったとしても、その市場に新規企業がつねに参入してくる可能性があれば（すなわち、コンテスタブルな市場であれば）、超過利潤は生じないので、集中度の排除や企業合併の規制などをおこなう必要がなくなるというのですが、この考え方が図らずもときのレーガン政権の規制緩和路線を後押しする形となりました。厳密にいえば、コンテスタビリティ理論が成り立つには、企業が産業から撤退するときにかかる「埋没費用」（サンクコスト）がないという条件が必要ですが、政治の舞台では、往々にして、このような「但し書き」

は意識的に無視されやすいものです。

規制緩和が決してバラ色の未来を実現しなかったことは今日では明白ですが、レーガン政権の規制緩和路線の顚末《てんまつ》について語るのは他の人に委ねます。ここでは、コンテスタビリティ理論の登場によって、従来の産業組織論の常識であった「市場構造」「市場行動」「市場成果」パラダイムが崩壊したことのみを再確認しておきましょう。ということは、大型合併論争がかりにいまの時点で起こったとしても、「近経グループ」というひとまとまりの集団が大型合併反対の「意見書」を出すようなことはあり得ないということです。実際、この十数年間、金融の分野を初めとする大型合併は幾つもありましたが、それに異を唱える学者グループが意見書を出した例は寡聞にして知りません。

このように経済思想史の素養をもって戦後日本経済のトピックスを眺めてみると、論争となった当時にはあまり明確でなかった視点や論点が浮かび上がってきて、経済思想史と経済史のあいだの「相互交渉」への道を切り開く可能性をもっているのがわかるでしょう。「歴史とは歴史家と事実との間の不断の過程であり、現在と過去との間の尽きることを知らぬ対話なのでありま す」というE・H・カーの言葉は、このような分野にも適用されるのではないでしょうか（『歴史とは何か』清水幾太郎《いくたろう》訳、岩波新書）。

古典派の競争観

さて、再び本題に戻って、「競争」という概念は何かについて、もう少し考察をすすめてみましょう。ここで、参考になるのは、古典派の人々の競争観です。前に完全競争を基準にした「競争」についての各論者の見解の微妙な違いに言及しましたが、実は、現代経済学の競争観は「古典派」（アダム・スミスに始まり、リカードやマルサスを経てＪ・Ｓ・ミルへと流れてきた学派）のそれとは明らかに異なっていることに留意しなければなりません。

アダム・スミス（Adam Smith, 1723-90）の『国富論』（一七七六年）には、「市場価格」（需給状況に応じて変動する価格）が「自然価格」（賃金・利潤・地代の平均率を足し合わせたもの）へと引き寄せられていくという有名な価値論の件が登場しますが、自然価格とは何かをもっと突き詰めようとすると、古典派固有の競争・均衡観に辿《たど》り着かざるを得ないのです。

結論から先にいえば、古典派にとって「競争」とは、最大利潤率を求めて各産業の間を出入りする資本の可動性のことであり、もしその意味での競争が妨げられなければ（これを「自由競争」と呼ぶことにしましょう）、各産業において均等の利潤率が成立した状態へと導かれるはずです。この状態が古典派の「均衡」です。それゆえ、スミスの有名な文章も、そのような古典派の競争・均衡観を念頭に入れながら読まなければなりません。

「……自然価格というのは、いわば中心価格《セントラル・プライス》であって、そこに向けてすべての商品の価格がたえずひきつけられるものなのである。さまざまな偶然の事情が、ときにはこれらの商品価格を中心価格以上に高く釣り上げておくこともあるし、またときにはいくらかその下に押し下げることもあるだろうが、このような静止と持続の中心におちつくのを妨げる障害がなんであろうと、これらの価格はたえずこの中心に向かって動くのである。」（大河内一男監訳）

もちろん、こういったからといって、古典派が「需要と供給の法則」を無視しているというのは当たりません。その法則は、市場における需給状況を反映する市場価格の決定にはちゃんと働いています。ただ、需要と供給の法則が作用しているのを認めることと、価格決定における根本的な諸力が需要と供給であると主張することは同じではないのです。なぜなら、中心価格としての自然価格は、自由競争のもとで最大利潤率を求める企業の営利活動の結果として成立する均等利潤率で決まるからです。古典派において均等利潤率が成立した状態が「均衡」に他ならないことは、リカード（David Ricardo, 1772-1823）によって明確に指摘されています。

「そうだとすれば、諸商品の市場価格が、どれほどかの期間、引き続きその自然価格のはるか上にある、はるかに下にあることを妨げるものは、あらゆる資本家が抱く、その資金を不利な部門から有利な部門へ転じようとする願望なのである。この競争こそが諸商品の交換価値を調整して、その結果、諸商品の生産に必要な労働に対する賃金と、投下資本をその本来の効率状態に置くのに要する他のすべての経費を支払った後に、なお残る価値または余剰が各産業において投下資本の価値に比例するようにするのである。」（『経済学および課税の原理』羽鳥卓也・吉澤芳樹訳、岩波文庫）

新古典派の登場

ところが、このような本来の古典派の競争・均衡観は、限界革命後に成立してくる「新古典派経済学」によって次第に覆されていきます。イギリスにおける新古典派の代表はマーシャルですが、彼は市場価格と自然価格をともに「需要と供給の均衡」という枠組みのなかに次のように包摂しました。すなわち、市場価格は、時間の長さがかなり短い場合を想定したときに成立する「一時的均衡価格」である一方、自然価格は、長い時間を想定したときに成立する「長期正常均衡価格」であると（この点は第一部を参照して下さい）。マーシャルの思考法では、需要と供給の均衡という枠組みは、時間の長さを明確にすることによって、価格決定により大きな影響を与えるのが「需要」（時間が短い場合）であっても、「供給」（時間が長い場合）であっても適用できるものなのでした。

マーシャルの価値論は、もっと正確にいうと、「他の事情にして等しければ」という条件の下で特定の財の需要と供給の均衡を考察するという意味で「部分均衡分析」と呼ばれていますが、これに対して、ワルラス（Léon Walras, 1834-1910）は、完全競争を仮定した上で、あらゆる市場における需要と供給の均衡を考察する「一般均衡分析」として徹底させました。マーシャルの時代は、「新古典派」といえば「マーシャル経済学」と同義でしたが（ということは、マーシャルこそが正統派経済学の代表格であったという意味でもありますが）、マーシャルの死後はワルラスの系譜につらなる一般均衡理論の発展が目覚ましく、今日では新古典派といえば「ワルラシアン」を指す場合のほうがふつうです。ただし、このような違いはあっても、需要と供給が均等になるという意味での「均衡」概念は両者に共有されていたといってもよいでしょう。それが現代経済学の正統的な思考法であり、均等利潤率が成立するという意味での本来の古典派の「均衡」概念は放棄されたのです。

スラッファの理論

しかしながら、いつの時代でも、正統派には与《くみ》しない異端派はいるものです。私は、ここで、リカードの競争観を現代に甦《よみがえ》らせた経済学者としては、『商品による商品の生産』（一九六〇年）の著者ピエロ・スラッファ（Piero Sraffa, 1898-1983）の名前を念頭に置いています（日本語版は、菱山泉・山下博訳、有斐閣）。

スラッファは、生涯を通じて、価値と分配の問題に対して生産の側からアプローチするという意味での「古典派」の方法論の復権を訴え続けましたが、このような思想は「需要と供給の均衡」によって思考するマーシャルやワルラスの新古典派のそれと鋭く対立するものでした。

スラッファの関心も、古典派と同じように、需給状況によってつねに変動する「市場価格」ではなく、リカードが「自然価格」と呼んだものにありましたが、スラッファはたんに「価格」と呼んでいます。すなわち、経済体系の一時的・偶然的諸力ではなく、持続的諸力によって決まる価格が考察の対象となるのです。

スラッファの思考法を簡単なモデルを使ってみていきましょう。——いま、小麦と鉄という二つの産業から構成される経済を考える。小麦産業では、五〇クオーターの小麦、二〇トンの鉄、$\frac{1}{4}$の労働を投入して八〇クオーターの小麦が産出されている。そして、鉄産業では、二〇クオーターの小麦、二〇トンの鉄、$\frac{3}{4}$の労働を投入して八〇トンの鉄が産出されている。ここで、小麦の価格をp_1、鉄の価格をp_2、労働一単位当たりの賃金をw、利潤率をrとおくと、次のような生産方程式が得られる。

$$(50p_1 + 20p_2)(1 + r) + \frac{1}{4}w = 80p_1$$
$$(20p_1 + 20p_2)(1 + r) + \frac{3}{4}w = 80p_2$$

小麦をいわゆる「ニュメレール」（価値尺度財）にとると（すなわち、$p_1=1$）、この生産方程式には、未知数が三個（p_2、r、w）なのに対して、方程式は二個しかありません。これを「自由度1の体系」と呼びます。それゆえ、rまたはwが外部から与えられなければモデルは完結せず、小麦表示の鉄の価格もわかりません。

『商品による商品の生産』のスラッファは、独立変数として利潤率rを選び、これを外部から与えることによってモデルを閉じようとしましたが、留意すべきは、ここでは均等の利潤率rが成立していると想定されていることです。産業間に利潤率の格差があれば、資本は利潤率の低いところから高いところへと動いていくので、そのような競争メカニズムが働くならば、ついには均等利潤率が成立するでしょう。スラッファが古典派の競争観を踏襲しているのは明白です。

スラッファ理論においては、価格は経済体系の投入・産出構造（「生産方法」）に規定されて決まるので、需要は何の役割も演じません。新古典派の「需要と供給の均衡」という枠組みに依拠した価格決定論が拒否されているのがわかります。

もちろん、古典派のアプローチで均等利潤率が成り立つのは、資本が産業間を自由に出入りできるような競争メカニズムが働く場合に限られます。もしこれを（「完全競争」とは区別して）「自由競争」と呼ぶならば、自由競争がある世界でこそ均等利潤率が成り立つのだと言えるでしょう。もし寡占状態で競争メカニズムが阻害されているならば、産業間に均等利潤率は成立しえません。もちろん、スラッファは、このことを理解していたでしょう。

この問題を解決するために、スラッフィアンのひとりは、スラッファ体系に「利潤率格差」を明示的に導入しようとしました。――いま、二つの産業で違う利潤率が成立しているとしよう。第一の利潤率 r_a（これは貨幣利子率の水準によって決まる正常利潤率であると考える）よりも第二の利潤率r_bのほうが高いと仮定する。これを、$r_b = mr_a$（$m>1$）と表現する。このような利潤率格差の導入によって、体系の既知数は増えるが未知数は増えないので、それを外部から与えることによってモデルを閉じることができると。

もちろん、なぜ利潤率格差が生まれるのかをもっとつぶさに観察するには、技術的要因や制度的要因などを考慮に入れなければなりませんが、それは「価値と分配」の問題に対する古典派アプローチの考察する領域ではなく、例えば産業組織論の課題と考えるのです。

経済思想の多様性

私たちはふだん「競争」という言葉を何気なく使っていますが、以前にもどこかに書いたように、偉大な経済学者の「言葉遣い」には意味があることを繰り返し指摘したいと思います。古典派の人々は、資本が最大の利潤率を求めて自由に各産業間を出入りする可動性のことを「競争」と理解することによって、私たちの生きている社会がまさしく「資本主義」に他ならないことを教えてくれました。ベルリンの壁の崩壊後、いまや「資本主義」という言葉は敬遠されるようになり、「市場システム」とか「市場経済」とかいう当たり障りのない言葉が多用されるようになりましたが、それでも現代において資本主義の経済体制をとっている国が世界の大勢であることに変わりありませんし、いまや資本はグローバルに最大利潤率を求めて自由に動き回っているのが現実です。私には、古典派の競争観のほうが「完全競争」を基準にした競争観よりも現実に即しているように思われますが、もちろん、このような考え方を他人に強いるつもりはありません。むしろ「経済思想の多様性」を主張してきた自身の立場からは、経済学史の中からできるだけ多様な思想を学び、みずからが経済問題を考察するときの参考にしてほしいということです。そのメッセージが伝わるならば、本書を書いた甲斐《かい》があったといまでは思っています。

＊＊＊

用語解説

【静態と動態】

シュンペーターの『経済発展の理論』（一九一二年）は、「静態」と「動態」の二元論的な構造をもっているが、両者をつなぐのは、彼が経済の分野で「英雄」的な活躍をする者として描いた「企業者」である。企業者は、銀行家の資金的援助を受けてイノベーションを遂行するが、その瞬間に静態が破壊され、動態が始動する。最初のイノベーションの成功は、やがて模倣者たちを大量に出現させ、イノベーションが群生するようになるが、これが経済を「好況」へと引き上げる。ただし、好況は永遠には続かない。企業者はイノベーションの成功によって企業者利潤を得るが、彼は銀行家から資金を提供してもらったので、その債務を返さなければならない。債務の返済は、イノベーションが群生しつつあった信用拡張期とは対照的に、信用収縮期を用意する。しかも、イノベーションの成果として新商品が大量に市場に出回るようになるので、需給関係から価格は低下していく。これが、イノベーションによって創り出された新事態に対する経済体系の適応という意味での「不況」に他ならない。このような不況が、新たな静態に到達するまで続くことになる。この理論では、最初にイノベーションに成功した企業者が「独占利潤」に近いものを得たとしても、やがて模倣者たちが現れるので、一時的なものとして容認される。

【自由度1の体系】

スラッファ体系は「自由度1」なので、外部から利潤率か賃金率を与えなければモデルは完結しない。このような思考法は、限界革命以後に形成された新古典派経済学のそれとはきわめて対照的である。新古典派は、分配理論を価格理論の一適用として捉えるので、利潤率や賃金率は、生産要素としての資本や労働の価格として、商品の価格と同じように、需給関係で決まると考える。ところが、古典派とマルクスの伝統を受け継いだスラッファは、分配を社会制度と社会関係の結果であるとして捉えた。すなわち、分配は制度的または歴史的相対的性格をもっているので、その普遍理論をつくることはできず、ただそれらの変化を生産体系の外部から導入することによって処理するしかないというのである。

参考文献

K.J.Arrow and G.Debreu, "Existence of an equilibrium for a competitive economy," *Econometrica*, vol. 22, 1954.

Joe S.Bain, "Workable competition in oligopoly: theoretical considerations and some empirical evidence," *American Economic Review*, May, 1950.

J・A・シュムペーター『資本主義・社会主義・民主主義』全三巻、中山伊知郎・東畑精一訳（東洋経済新報社、一九六二年）

William Baumol, *Contestable Markets and the Theory of Industry Structure*, 1982.

E・H・カー『歴史とは何か』清水幾太郎訳（岩波新書、一九六二年）

アダム・スミス『国富論』全三巻、大河内一男監訳（中公文庫、一九七八年）

デイヴィッド・リカード『経済学および課税の原理』全二巻、羽鳥卓也・吉澤芳樹訳（岩波文庫、一九八七年）

ピエロ・スラッファ『商品による商品の生産』菱山泉・山下博訳（有斐閣、一九六二年）

菱山泉『ケネーからスラッファへ』（名古屋大学出版会、一九九〇年）

根井雅弘『現代経済学講義』（筑摩書房、一九九四年）

P・シロス＝ラビーニ『寡占と技術進歩』安倍一成ほか訳（東洋経済新報社、一九七一年）

あとがき

十数年前、もともとジュニア用の新書を書くように誘ってくれたのは、筑摩書房の社長をつとめた山野浩一さんであった。山野さんは、難しめのジュニア向け新書を三冊も出すのに苦労したに違いないのだが、何の不平も言わず、黙々と編集作業を進めてくれた。感謝の言葉もない。売れた部数は多くはなかったが、熱心な読者から時々お便りをいただいた。

やがて三冊の本も品切れ状態が続くようになった頃、人文書院の松岡隆浩さんが合本して一冊の教養書として改めて世に出す企画を持ちかけてくれた。松岡さんは、人文書院から出した私の本をすべて企画・編集してくれているが、合本して一冊にするというアイデアに思わず「なるほどね」と相槌を打ったものだ。

京都大学での研究・教育の日々が長くなればなるほど、経済学の思想や歴史についての正確な理解がなかなか高校生のレベルまで浸透しないことを残念に思うことが多くなった。数年前に出した拙著『ものがたりで学ぶ経済学入門』（中央経済社）も、フィクションの要素まで導入しながら、現状をなんとか変えたい苦心作の一つだが、それと比較すると、本書は同じ課題にもっと正攻法で向き合っていると言えるだろう。ジュニアにとって「やさしい」か「難しい」かは問題の本質とは関係がない。正確かどうかこそが問題なのである。私たちは、高校時代に習った数学と大学で学ぶ数学のレベルは違うものだとふつうに理解している。ところが、アダム・スミスは、高校の教科書に書いてあるように、いまだに多くの人々が自由放任主義者だと誤解し続けている。これは健全ではないし、私たちの学問の発展を阻害していると思う。

ところで、現在は二〇二〇年の春からコロナ禍にあり続けており、大人数の講義科目の大半がオンライン授業に移行しているので、学生たちのストレスは限界にまで達している。彼らの置かれた環境は決して好ましいものではなく、ワクチンや治療薬の普及によって一日も早くコロナ禍が過ぎるのを願っているが、逆にこういう時期だからこそ、みずからを内面的に振り返り、静かに本を読むことも大事かもしれないとも思う。すぐに役に立つ本はこの際忘れたほうがよい。教えるほうの私も、昨年度の授業がすべてオンラインに移行した春先以降けっこうストレスがたまったものだが、たまたま花園大学教授で仏教哲学が専門の佐々木閑氏が自分の授業をYouTube上に公開しているのを観て、大いに啓発され、佐々木氏の本も何冊か読ませていただいた。長く欲望満足（効用）の最大化を当然のように想定してきた経済学とはまるで違う世界を垣間見たような感じで、いつも楽しく拝聴したものだ。参考までに、ＵＲＬを記しておく。

https://www.youtube.com/channel/UChq_H8QwhyHIL_JR83vgpGw

佐々木氏の活動を通して、いま鎌倉円覚寺管長の横田南嶺老師が花園大学の総長をつとめていることを知ったが、横田老師もYouTube上で積極的に世の中に発信しておられるので、URLを記しておく。

https://www.youtube.com/channel/UCgH4fHMpKJmxmSk2s1gVQGg

実は、一昨年に亡くなった母のお墓は花園大学とも縁が深い妙心寺の塔頭にあるのだが、改めて人間はどこで誰それとつながっているのかわからないものだと痛感した。

私も、コロナ禍の学生たちに何もできないもどかしさもあったので、白水社のwebふらんすの場を借りて、経済学者の名言を解説したシリーズを昨年の秋から始めた。関心があれば、聴いてみてほしい。

https://webfrance.hakusuisha.co.jp/

一冊の本をつくるには、多くの人たちとの協力が不可欠である。編集を担当してくれた松岡さんはもちろんのこと、装画の山内有記美さん、装幀の上野かおるさんにもお世話になった。記して感謝したい。

二〇二一年七月

根井　雅弘

人名索引

著者略歴
根井雅弘（ねい　まさひろ）
1962年、宮崎県生まれ。早稲田大学政治経済学部卒業、京都大学大学院経済学研究科博士課程修了（経済学博士）。現在、京都大学大学院経済学研究科教授。著作に、『今こそ読みたいガルブレイス』（集英社インターナショナル新書）、『英語原典で読むシュンペーター』（白水社）、『現代経済思想史講義』、『経済学者の勉強術』、『来るべき経済学のために』（橘木俊詔との共著）、『ブックガイド基本の30冊　経済学』（編著、以上四冊は人文書院）など多数。

16歳からの経済学
二〇二一年八月二〇日　初版第一刷印刷
二〇二一年八月三〇日　初版第一刷発行
著者　根井雅弘
発行者　渡辺博史
発行所　人文書院
〒六一二-八四四七
京都市伏見区竹田西内畑町九
電話〇七五・六〇三・一三四四
振替〇一〇〇〇-八-一一〇三
装幀　上野かおる
装画　山内有記美
印刷所　モリモト印刷株式会社

落丁・乱丁本は小社送料負担にてお取り替えいたします

ISBN978-4-409-24142-4 C0033